CLASSIQUES LAROUSSE

Collection fondée en 1933 par FÉLIX GUIRAND
continuée par
LÉON LEJEALLE (1949 à 1968) et JEAN-POL CAPUT (1969 à 1972)
Agrégés des Lettres

LA FONTAINE

FABLES

II

Livres VII à XII

avec une Notice biographique, une Notice historique et littéraire,
des Notes explicatives, une Documentation thématique,
des Jugements, un Questionnaire et des Sujets de devoirs,

par

CLAUDE DREYFUS
Agrégé des Lettres

D0818596

LIBRAIRIE LAROUSSE

17, rue du Montparnasse, 75298 PARIS

RÉSUMÉ CHRONOLOGIQUE
DE LA VIE DE LA FONTAINE
1621-1695

1621 — **Baptême à Château-Thierry**, le **8 juillet**, de Jean de La Fontaine, premier enfant de Charles de La Fontaine, maître des Eaux et Forêts et capitaine des chasses du duché de Château-Thierry, et de Françoise Pidoux, d'origine poitevine.

1621-1641 — Période mal connue : La Fontaine semble avoir fait ses études à Château-Thierry, puis à Paris, où il aurait été le condisciple de Furetière.

1641 — Il est admis à l'Oratoire, à Paris (27 avril).

1642 — Il quitte l'Oratoire; revient à Château-Thierry (octobre). Lectures nombreuses; premiers vers.

Vers 1646 — Il fait ses études de droit à Paris, où il fréquente un cercle de jeunes poètes palatins (Maucroix, qui sera l'ami de toute sa vie, Pellisson, Cassandre, Furetière, Charpentier, Tallemant des Réaux).

1647 — Contrat de mariage (10 novembre) entre Jean de La Fontaine et Marie Héricart, âgée de quatorze ans et demi, fille du lieutenant criminel de La Ferté-Milon.

1652 — La Fontaine achète une **charge de maître** particulier triennal **des Eaux et Forêts** du duché de Château-Thierry.

1653 — Naissance de Charles de La Fontaine, fils du poète : son père ne s'en occupera guère.

1654 — **Première publication** : *l'Eunuque*, comédie imitée de Térence.

1658 — A la mort de son père, La Fontaine hérite de ses deux charges (maître ancien et capitaine des chasses), qu'il cumule avec celle qu'il a achetée lui-même en 1652. — Difficultés financières qui poussent les époux à se séparer de biens. — **Recommandé à Fouquet**, surintendant général des Finances, La Fontaine lui offre *Adonis*.

1659 — Il obtient contre « pension poétique » une pension de Fouquet. — Il travaille dès lors au *Songe de Vaux* pendant trois ans, mais sans grand entrain, semble-t-il. *Épîtres, Madrigaux, Ballades.* A Vaux, La Fontaine retrouve son ami Maucroix, Pellisson, se lie avec Charles Perrault, Saint-Évremont, Madeleine de Scudéry. — Il partage la majeure partie de son temps entre Paris et Château-Thierry, où le rappelle sa charge.

1660 — Il se lie avec le jeune Racine, qui débute à Paris.

1661 — Il assiste à la fête donnée à Vaux en l'honneur du roi (17 août). Après l'arrestation de Fouquet (5 septembre), il se trouve sans appui ni ressources.

1662 — Publication de l'*Élégie aux nymphes de Vaux* (anonyme), qui fait appel à la clémence de Louis XIV **en faveur de Fouquet**. La Fontaine plaide à nouveau la cause de son protecteur dans une *Ode au roi*.

✷✷✷

1663 — **Il accompagne son oncle** Jannart, qui, étant substitut de Fouquet, a reçu l'ordre de s'exiler à **Limoges**; il envoie à sa femme des lettres mêlées de prose et de vers, *le Voyage en Limousin*.

1664 — Il entre au palais du Luxembourg comme **gentilhomme servant** attaché à la maison de **Madame, duchesse douairière d'Orléans** (juillet) : charge modeste, mais peu absorbante. Dès lors, La Fontaine fréquente probablement plusieurs salons, en particulier celui de l'hôtel de Nevers; chez la comtesse du Plessis-Guénégaud, sympathique à Port-Royal et attachée à Fouquet, il rencontre Mᵐᵉˢ de Sévigné et de La Fayette, ainsi que La Rochefoucauld. — *Nouvelles en vers tirées de Boccace et de l'Arioste* (décembre).

© *Librairie Larousse*, 1971. ISBN 2-03-870077-X

1665 — ***Contes et nouvelles en vers*** (première série, première partie). — Relations suivies avec Boileau.

1666 — *Contes et nouvelles en vers* (première série, II° partie).

1668 — Publication des ***Fables choisies mises en vers (livres I-VI)***, dédiées au Dauphin : succès éclatant; trois éditions en un an. — ***Nouveaux Contes* (2° série).**

1669 — *Les Amours de Psyché et de Cupidon*, récit mythologique mêlé de prose et de vers.

1671 — Les charges de La Fontaine lui sont entièrement rachetées par le duc de Bouillon, devenu seigneur de Château-Thierry. — ***Contes et nouvelles en vers* (3° série).** *Fables nouvelles et autres poésies*, recueil contenant huit fables inédites et quatre élégies. Ces fables seront réparties dans les trois premiers livres du second recueil.

1672 — Mort de la duchesse douairière d'Orléans : La Fontaine est de nouveau sans ressources. Publication à part de deux fables nouvelles : *le Soleil et les Grenouilles* et *le Curé et le Mort*.

***

1673 — La Fontaine devient l'hôte de M™° de La Sablière, qui reçoit une société brillante. Il retrouve ici quelques amis, dont Charles Perrault. Il se lie avec Bernier, grand voyageur et disciple du philosophe Gassendi; il rencontre le médecin Antoine Menjot, le mathématicien Roberval. — *Poème de la captivité de saint Malc.* — Mort de Molière : épitaphe par La Fontaine.

1674 — La Fontaine écrit un opéra, *Daphné*, pour Lully, mais se brouille avec lui. — *Nouveaux Contes*, interdits par la police.

1676 — La Fontaine vend sa maison natale de Château-Thierry pour la somme de 11 000 livres. Par ce moyen, il s'acquitte de ses dettes, notamment à l'égard de sa femme.

1678-1679 — **Second recueil des *Fables* (livres VII-XI)** dédié à M™° de Montespan.

1683 — La Fontaine est élu à l'Académie, au siège de Colbert (15 novembre). Louis XIV refuse son approbation jusqu'à l'élection de Boileau, son historiographe (avril 1684).

1684 — Reçu à **l'Académie**, La Fontaine lit son *Discours à Madame de La Sablière* (2 mai).

1685 — Furetière ayant été exclu de l'Académie, La Fontaine se montre acharné contre son vieux camarade. Publication des *Ouvrages de prose et de poésie des sieurs de Maucroix et de La Fontaine* (pièces diverses, cinq contes, onze fables, etc.). La Fontaine mène une vie peu édifiante, et fréquente les salons du prince de Conti et du duc de Vendôme, qui réunit dans son palais du Temple la société « libertine » de l'époque.

1687 — Querelle des Anciens et des Modernes : **Épître à Huet,** dans laquelle le poète, tout en plaidant pour les Anciens, refuse habilement de prendre parti dans la querelle (5 février).

1693 — M™° de La Sablière, qui s'était retirée aux Incurables en 1685, **meurt** en janvier. Tombé « dangereusement malade » à la fin de 1692, La Fontaine se convertit et confesse publiquement ses fautes devant une délégation de l'Académie. Rétabli, **il se retire chez son ami d'Hervart,** conseiller au parlement de Paris, fils d'un puissant financier qui avait été contrôleur général des Finances sous Mazarin.

1694 — Publication du **dernier recueil des *Fables* (livre XII).**

1695 — La Fontaine **meurt à Paris** chez les d'Hervart (13 avril).

La Fontaine avait soixante-six ans de moins que Malherbe, vingt-trois ans de moins que Voiture, un an de plus que Molière, deux ans de plus que Pascal, cinq ans de plus que M™° de Sévigné, quinze ans de plus que Boileau, dix-huit ans de plus que Racine.

LA FONTAINE ET SON TEMPS

	la vie et l'œuvre de La Fontaine	le mouvement intellectuel et artistique	les événements historiques
1621	Baptême de Jean de La Fontaine à Château-Thierry (8 juillet).	Œuvres de Théophile de Viau.	Guerre contre les protestants du Béarn. Mort du duc de Luynes.
1642	Quitte l'Oratoire, n'ayant pas la vocation. Premiers vers.	Corneille : la Mort de Pompée. Du Ryer : Esther. Rembrandt : la Ronde de nuit. Mort de Galilée.	Prise de Perpignan. Mort de Richelieu (4 décembre). Mazarin lui succède.
1646	Études de droit à Paris.	Cyrano de Bergerac : le Pédant joué. Saint-Amant : Poésies. Conversion de Pascal au jansénisme.	Prise de Dunkerque.
1652	Achète une charge de maître particulier triennal des Eaux et Forêts.	Guez de Balzac : le Socrate chrétien. Scarron : Don Japhet d'Arménie.	Derniers troubles de la Fronde. Second exil de Mazarin.
1654	Publie une pièce imitée de Térence : l'Eunuque.	Mlle de Scudéry : Clélie. Scudéry : Alaric. Nuit d'extase de Pascal (23 novembre).	
1658	A la mort de son père, La Fontaine hérite de ses deux charges. Il est présenté à Fouquet.	Molière s'installe à Paris avec sa troupe.	Victoire des Dunes sur les Espagnols. Mort de Cromwell.
1661	Élégie aux nymphes de Vaux.	Molière : Dom Garcie de Navarre ; l'École des maris ; les Fâcheux. Lully nommé surintendant de la Musique. Rembrandt : les Syndics des drapiers.	Mort de Mazarin (8 mars). Arrestation de Fouquet (5 septembre).
1663	Le Voyage en Limousin.	Corneille : Sophonisbe. Racine : Ode sur la convalescence du Roi.	Invasion de l'Autriche par les Turcs.
1664	Gentilhomme servant de Madame, veuve de Gaston d'Orléans.	Molière : le Mariage forcé. Interdiction du premier Tartuffe. Racine : la Thébaïde.	Condamnation de Fouquet. Colbert surintendant des Bâtiments et Manufactures. Création de la Compagnie des Indes.
1665	Contes et nouvelles en vers (première partie).	Molière : Dom Juan ; l'Amour médecin. Racine : Alexandre. La Rochefoucauld : Maximes. Mort du peintre N. Poussin.	Peste de Londres. Colbert contrôleur général des Finances.
1668	Fables choisies mises en vers (livres I-VI).	Molière : Amphitryon ; George Dandin ; l'Avare. Racine : les Plaideurs. Cl. Perrault : colonnade du Louvre.	Fin de la guerre de Dévolution ; traités de Saint-Germain et d'Aix-la-Chapelle : annexion de la Flandre.

Année	Vie et œuvre de La Fontaine	Vie littéraire et artistique	Événements historiques
1669	Les Amours de Psyché et de Cupidon, roman mêlé de prose et de vers.	Racine : Britannicus. Th. Corneille : la Mort d'Annibal. Bossuet : Oraison funèbre d'Henriette de France.	Colbert nommé secrétaire d'État à la Marine et à la Maison du roi.
1672	Mort de Madame.	Molière : les Femmes savantes. Racine : Bajazet. Corneille : Pulchérie. Premier télescope.	Guerre de Hollande. Passage du Rhin (12 juin).
1673	La Fontaine s'établit chez Mme de La Sablière.	Mort de Molière (17 février). Racine : Mithridate. Premier grand opéra de Lully : Cadmus et Hermione.	Conquête de la Hollande. Prise de Maestricht (29 juin).
1674	Nouveaux Contes.	Corneille : Suréna. Racine : Iphigénie. Boileau : l'Art poétique; le Lutrin.	Conquête de la Franche-Comté. Victoire de Condé à Seneffe. Campagne de Turenne en Alsace.
1678 1679	Fables (livres VII-XI).	Mme de La Fayette : la Princesse de Clèves.	Traités de Nimègue : l'Espagne cède la Franche-Comté.
1683	Élection à l'Académie française (15 novembre).	Bossuet : Oraison funèbre de la reine Marie-Thérèse. Bayle : Pensées sur la comète. Fontenelle : Dialogue des morts.	Mort de la reine Marie-Thérèse et de Colbert. Les Turcs devant Vienne.
1684	Réception à l'Académie (2 mai) : Discours à Madame de La Sablière.	Bourdaloue : Oraison funèbre de Henri de Bourbon. La Bruyère nommé précepteur du petit-fils du Grand Condé.	
1687	Épître à Huet.	Querelle des Anciens et des Modernes. Bossuet : Oraison funèbre du prince de Condé. Fontenelle : Histoire des oracles. Newton : Principes mathématiques de la philosophie naturelle.	La ligue d'Augsbourg entend résister à Louis XIV.
1693	Mort de Mme de La Sablière. Conversion de La Fontaine, qui se retire chez son ami d'Hervart.	Boileau : Ode sur la prise de Namur.	Victoire de Neerwinden.
1694	Fables (livre XII).	La Bruyère : 8e édition des Caractères. Boileau : Réflexions sur Longin. Naissance de Voltaire.	Aggravation de la situation économique en France.
1695	Mort de La Fontaine (13 avril).	Bayle : Dictionnaire historique et critique. Fénelon archevêque de Cambrai.	La guerre de la ligue d'Augsbourg continue.

BIBLIOGRAPHIE SOMMAIRE

OUVRAGES GÉNÉRAUX SUR LA FONTAINE

Hippolyte Taine   *La Fontaine et ses fables* (Paris, Hachete, 1860).

Jean Giraudoux   *les Cinq Tentations de La Fontaine* (Paris, Grasset, 1938).

Pierre Clarac   *La Fontaine, l'homme et l'œuvre* (Paris, Boivin-Hatier, 1947 et 1959). — *La Fontaine par lui-même* (Paris, Éd. du Seuil, 1961).

Antoine Adam   *Histoire de la littérature française au XVIIe siècle* (tomes II, IV et V) [Paris, Del Duca, 1951-1954 et 1956].

Georges Couton   *la Poétique de La Fontaine* (Paris, P. U. F., 1957). — *La Politique de La Fontaine* (Paris, Les Belles Lettres, 1959).

Jean Dominique Biard   *le Style des Fables de La Fontaine* (Paris, Nizet, 1970).

Jean-Pierre Collinet   *le Monde littéraire de La Fontaine* (Paris, P. U. F., 1970).

Georges Mongrédien   *Recueil des textes et des documents relatifs à La Fontaine* (Paris, Éd. du C. N. R. S., 1974).

Jean Orieux   *La Fontaine ou La vie est un conte* (Paris, Flammarion, 1976).

Pierre Boutang   *La Fontaine politique* (Paris, A. Michel-Hallier, 1981).

SUR LE SECOND RECUEIL

René Jasinski   *Sur la philosophie de La Fontaine dans les livres VII à XII des « Fables »* (Revue d'histoire de la philosophie, déc. 1933 et juillet 1934). — *Encore La Fontaine et Bernier* (Revue d'histoire littéraire de la France, 1935, p. 401 et suivantes, et 1936, p. 317 et suivantes).

Noël Richard   *La Fontaine et les Fables du deuxième recueil* (Paris, Nizet, 1972).

FABLES
LIVRES VII-XI
1678-1679

NOTICE

CE QUI SE PASSAIT EN 1678-1679

■ *EN POLITIQUE : Louis XIV (1638-1715) gouverne personnellement depuis 1661. La faveur de M*me *de Montespan décline, celle de M*me *de Maintenon commence. Colbert (1619-1683), contrôleur général des Finances et ministre de la Marine. Louvois (1641-1691) réorganise l'armée et crée une artillerie régulière.*

Conflit du roi et du pape (affaire de la Régale) [1673-1693]. Persécution des jansénistes : exil d'Antoine Arnauld (1677). Premières mesures destinées à préparer la révocation de l'Édit de Nantes.

La guerre de Hollande se termine par la paix de Nimègue (1678) : acquisition de la Franche-Comté et de douze places en Flandre.

Premiers travaux du canal du Midi.

■ *EN LITTÉRATURE : Corneille (1606-1684) a donné, en 1674, sa dernière tragédie, Suréna. Racine (1639-1699) a fait jouer Phèdre en 1677; il cesse d'écrire pour le théâtre. Boileau (1636-1711) a publié l'Art poétique en 1674. Il achève le Lutrin. M*me *de La Fayette publie La Princesse de Clèves. Bossuet (1627-1704), précepteur du Dauphin, écrit, en 1679, le Discours sur l'Histoire universelle. Fénelon (1651-1715) devient directeur des « Nouvelles catholiques » à Paris.*

Malebranche (1638-1715) a publié, en 1674, la Recherche de la Vérité et, en 1677, les Conversations métaphysiques et chrétiennes.

■ *DANS LES ARTS : Hardouin-Mansart est nommé premier architecte du roi et dirige les chantiers de Versailles. La grande galerie des Glaces est commencée, la pièce d'eau des Suisses creusée. Libéral Bruant travaille, sous la direction de Mansart, à l'hôtel des Invalides. Le Nôtre voyage en Italie pour perfectionner ses connaissances.*

Girardon sculpte le groupe des Bains d'Apollon. Coysevox sculpte les premiers bas-reliefs de Versailles.

Le Brun travaille aux peintures du château de Versailles. Mignard décore le palais de Saint-Cloud.

Lully fait jouer l'opéra de Psyché.

PUBLICATION DU SECOND RECUEIL

L'*Epilogue* du premier recueil semblait un adieu à la fable. La Fontaine revenait à *Psyché* : ce roman, publié en 1669, n'eut aucun succès. Le 20 décembre 1670 paraissait un *Recueil de poésies chrétiennes et diverses*, dédié à Mgr le prince de Conti par M. de La Fontaine, contenant seize fables du recueil de 1668 ; un mois plus tard, La Fontaine publiait la troisième partie des *Contes*. Il n'avait pourtant pas abandonné la fable, et le 12 mars 1671 paraissait un volume dédié au duc de Guise, gendre de la duchesse douairière d'Orléans, et intitulé : *Fables nouvelles et autres poésies*. Ce volume contenait entre autres quatre élégies et huit fables nouvelles qui provoquèrent l'admiration de Mme de Sévigné. Toutes ces fables seront insérées dans le recueil de 1678-1679.

La duchesse douairière d'Orléans étant morte en février 1672, La Fontaine devient l'hôte de Mme de La Sablière (1640-1695). Séparée de son mari, issu comme elle d'une famille de banquiers huguenots, cette jeune femme, curieuse et cultivée, avait réuni, dans son salon de la rue Neuve-des-Petits-Champs, une société brillante et composite, éprise de toutes les nouveautés. A côté de gens du monde et de diplomates, La Fontaine y rencontra toutes sortes de gens dont la diversité ne pouvait qu'aiguiser sa curiosité toujours en éveil : les géomètres Roberval et Sauveur, des médecins, des physiciens, des astronomes, et surtout Bernier. Celui-ci, médecin et grand voyageur, avait séjourné au Mogol ; disciple de Gassendi, qu'il avait connu dans sa jeunesse, il préparait, pour vulgariser la doctrine de son maître, un *Abrégé de la philosophie de Gassendi*, dont la première édition parut en 1674.

C'est là, au milieu de ces conversations savantes qui lui découvrent tant de nouveautés et l'amènent à examiner des questions qu'il ne s'était pas posées jusqu'alors, ou qu'il s'était posées avec moins de netteté, que La Fontaine prépare le second recueil des *Fables*. Le 29 juillet 1677, en effet, La Fontaine obtenait un privilège pour une nouvelle édition de ses *Fables*. En 1678-1679 parurent sous le titre *Fables choisies, mises en vers par M. de La Fontaine et par lui revues, corrigées et augmentées* quatre volumes. Les deux premiers contiennent les six livres parus en 1668 ; le troisième, daté de 1678, les livres actuellement numérotés VII et VIII ; le quatrième, daté de 1679, les livres IX à XI des éditions modernes.

ORIGINALITÉ DU SECOND RECUEIL

LES SOURCES. L'Avertissement placé en tête des deux volumes de fables nouvelles souligne d'emblée l'originalité du recueil : « J'ai jugé à propos de donner à la plupart de [ces fables] un air et un tour un peu différent de celui que j'ai donné aux premières, tant à cause de la différence des sujets que pour remplir de plus de variété mon ouvrage. »

Comment renouveler les sujets, sinon en s'adressant à de nouvelles sources ? Non qu'Esope ou la tradition ésopique soient oubliés dans le nouveau recueil, mais un tiers des fables seulement est emprunté à cette source. La Fontaine nomme d'ailleurs lui-même Pilpay, sage indien, comme la source à laquelle « je dois », dit-il, « la plus grande partie [des sujets] ». Il a lu *le Livre des Lumières on la Conduite des Rois, composé par le sage Pilpay, indien, traduit en français par David Sahib d'Ispahan, ville capitale de la Perse, 1644.* « Quelques autres [lui] ont fourni des sujets assez heureux. » Parmi eux, le P. Poussines, dont le *Specimen sapientiae Indorum veterum,* traduction latine de vieux contes indiens, avait été publié à Rome en 1666. Outre ces emprunts à Pilpay ou au P. Poussines, La Fontaine a fort bien pu s'inspirer d'autres lectures ou de récits faits par Bernier. Bon nombre de fables ont une allure orientale. La fantaisie aidant, La Fontaine a d'ailleurs donné lui-même une couleur orientale à sa fable *Le Rat qui s'est retiré du monde* (livre VII, fable III), qui semble bien être de son invention. D'où venait à La Fontaine cet intérêt pour les contes orientaux ? Il se peut que le rôle de Bernier ait été déterminant; par ailleurs, l'Orient est à la mode : le public s'intéresse aux relations de voyages. Les grands écrivains eux-mêmes, Molière avec les turqueries du *Bourgeois gentilhomme,* Racine dans *Bajazet,* sacrifient à cette mode. De toute manière, La Fontaine n'avait pas besoin d'être poussé ou guidé, et, là encore, les exigences de sa curiosité naturelle peuvent tout expliquer.

Quant aux autres sujets, ils sont empruntés aux sources les plus diverses, fabulistes, conteurs, etc. L'actualité dans tous les domaines, un simple fait divers suffisent à mettre en marche le mécanisme de la création littéraire. La mort tragique du curé de M. de Boufflers, racontée par Mme de Sévigné, donne à La Fontaine l'idée de la fable *le Curé et le Mort* (livre VII, fable XI), tandis qu'il trouve dans un poème satirique anglais qui raconte le malheur plaisant survenu à des astronomes la source d'*Un animal dans la lune* (livre VII, fable XVIII). C'est pourquoi il faut insister sur l'apport essentiel qu'a constitué le séjour chez Mme de La Sablière : à côté des sources livresques, qu'on peut en général retrouver, le second recueil est né de conversations, de débats auxquels le poète a pris part ou peut-être simplement assisté.

LA COMPOSITION

Sur ce point, le second recueil se distingue donc déjà du premier. Cela suffirait à infirmer les propos de Maucroix, l'ami du poète, qui déclarait ne trouver nulle différence entre les deux recueils. Mais, sur ces bases modifiées, La Fontaine renouvelle totalement la fable. Tout d'abord, il prend plus de liberté avec ses devanciers; la brièveté ésopique n'apparaît plus comme une règle sacrée. Les fables orientales se développent longuement, parfois de manière interminable; leur composition, assez lâche, n'exclut pas tiroirs et parenthèses. La Fontaine élaguera sans doute vigoureusement, mais il a pris quelque chose de leur allure, et ses fables gagnent en étendue. « Il a fallu, dit-il dans l'Avertissement, que j'aie cherché d'autres enrichissements et étendu davantage les circonstances de ces récits. »

En effet, les fables du second recueil s'amplifient souvent en une confidence, en une méditation, qui constituent leur aboutissement véritable. A tel point même que le poète ose marcher à contre-courant. Peu lui importe que ses réflexions contredisent la morale de la fable : l'aventure de Perrette (livre VII, fable X) devait illustrer le danger des châteaux en Espagne; la laitière n'est-elle pas « en grand danger d'être battue »? Mais, ne reculant pas devant le paradoxe, le poète vante avec complaisance le charme des rêves :

> Chacun songe en veillant, il n'est rien de plus doux (vers 34).

Parfois, la fable n'est plus que prétexte à la méditation du poète. *Le Songe d'un habitant du Mogol* (livre XI, fable IV), si l'on considère le récit proprement dit, fait bien pâle figure à côté des vraies fables du poète : quoi de plus indéfini, de plus indéterminé, même si l'on tient compte du fait qu'il s'agit d'un songe? Que savons-nous des personnages : certain Mogol, un vizir, un ermite, l'interprète? La Fontaine ne nous a pas habitués à tant d'imprécisions. Il feint d'ailleurs l'audace et s'en excuse :

> Si j'osais ajouter au mot de l'interprète [...] (vers 18).

Feinte hypocrite et bien venue, car c'est par les réflexions qui suivent que s'anime cette fable, une des plus belles qu'il ait écrites.

Dans ces conditions, la fable est-elle encore une fable? Tout en continuant à lui donner un tour généralement dramatique, le poète s'évade d'un genre trop étroit à son gré, mais qu'il peut cependant modeler assez librement, puisque, après tout, il est le premier à exploiter les ressources d'un genre dont personne n'avait songé à tirer parti avant lui. Ainsi la fable, du moins dans sa partie narrative, adopte parfois la désinvolture du conte; elle s'apparente en certains cas à la satire, mais elle prend aussi des formes bien différentes qui paraissaient s'exclure : à l'élégie des *Deux Pigeons* (livre IX, fable II) font face le mouvement et le ton épiques de la fable les *Deux Aventuriers et le Talisman* (livre X, fable XIII). *Le Paysan du Danube* (livre XI, fable VII), sous la forme d'un beau morceau d'éloquence, s'élève à la satire, à la fresque historique. Mais la fable peut s'amplifier en un poème d'un genre indéfinissable. Répugnant au didactisme, le poète réussira ce tour de force de faire du *Discours à Madame de La Sablière* (livre IX, fable XXI) l'exposé clair et accessible de problèmes philosophiques, tout en lui donnant la forme d'un entretien, d'un dialogue qui respire le naturel. Le fabuliste ne disparaît pas pour autant, qui appuie ses raisonnements sur de véritables apologues dont les héros restent des animaux. Le *Discours* apparaît évidemment comme un cas singulier, mais il montre à l'évidence toutes les virtualités dont sont pleines les fables du second recueil.

PHILOSOPHIE ET MORALE

On a souvent parlé de la tentation philosophique et scientifique de La Fontaine :

> La Nature ordonna ces choses sagement :
> J'en dirai quelque jour les raisons amplement.
> (*Un animal dans la lune*, livre VII, fable XVIII, vers 13-14.)

Il n'a pas tenu ses promesses, mais il eût pu être notre Lucrèce, car la réflexion philosophique se situe désormais au centre de ses préoccupations. *Un animal dans la lune* (livre VII, fable XVIII) pose le problème de la connaissance sensible et de sa valeur. D'autre part, ce poète dont la sympathie est toujours allée aux bêtes ne peut admettre la théorie cartésienne des animaux-machines, qui établit entre l'animal et l'être humain une différence essentielle : d'un côté, simple comportement; de l'autre, âme et intelligence. Pour la sensibilité de La Fontaine, mais aussi pour son expérience, les choses ne vont pas ainsi : la bête, elle aussi, donne des preuves d'intelligence; elle aussi a une âme, inférieure sans doute, mais qui participe à l'esprit. Car il faut

> Que l'homme, la souris, le ver, enfin chacun
> Aille puiser son âme en un trésor commun.
> (*La Souris métamorphosée en fille*, livre IX, fable VII, vers 65-66.)

Non que La Fontaine érige en système ces idées qui s'accordent avec le gassendisme et qu'il tient peut-être de Bernier (mais là encore, avait-il besoin d'un guide?). En effet, si la fable *les Souris et le Chat-Huant* (livre XI, fable IX) prête à l'animal la faculté de raisonner et une logique que bien des hommes pourraient lui envier, *La Souris métamorphosée en fille* (livre IX, fable VII) émet l'idée qu'il n'existe aucune parenté entre les espèces, entre l'animal et l'homme par conséquent, chaque espèce obéissant à son destin,

> C'est-à-dire, à la loi par le Ciel établie (vers 78).

Dans le *Discours à M. le Duc de La Rochefoucauld* (livre X, fable XIV), La Fontaine va plus loin encore. Le chasseur a observé les lapins, mesuré leur étourderie et leur légèreté d'esprit. Mais n'est-ce pas pour dénoncer la légèreté et l'inconstance de l'homme ?

> Je me suis dit souvent, voyant de quelle sorte
>   L'homme agit, et qu'il se comporte
> En mille occasions comme les animaux :
>   « Le roi de ces gens-là n'a pas moins de défauts
>   Que ses sujets... » (vers 1-5).

N'en a-t-il pas davantage encore? C'est ce que veut prouver *l'Homme et la Couleuvre* (livre X, fable I), où La Fontaine dénonce avec force l'ingratitude et l'égoïsme de l'homme. La satire s'est faite impitoyable. Avec plus de vigueur que jamais, le poète étale l'orgueil du souverain et sa cruauté gratuite. Il n'hésite pas dans *les Obsèques de la Lionne* (livre VIII, fable XIV) à interrompre le récit et à intervenir personnellement pour donner de la Cour une définition qui laisse éclater le mépris et l'horreur que lui inspirent les singeries d'un « peuple caméléon » (vers 21).

Ingratitude, égoïsme, calculs fondés sur le seul intérêt, hypocrisies en tous genres, bêtise,

> Imprudence, babil et sotte vanité,
> et vaine curiosité,
> (*La Tortue et les Deux Canards*, livre X, fable II, vers 33-34.)

tel est le tableau, plus sombre encore que celui du premier recueil. Toute indulgence a disparu, mais cette amertume et ce pessimisme qui paraissent avoir grandi avec l'âge sont heureusement compensés par un épicurisme souriant et confiant dans la vie. Art d'être heureux dans la médiocrité, loin des soucis que cause la richesse, dans une simplicité qui préserve candeur et pureté et reste à l'abri de l'envie et du mensonge, art d'être heureux qui dit les plaisirs du songe, du sommeil et de la solitude :

> Solitude où je trouve une douceur secrète...
> (*Le Songe d'un habitant du Mogol*, livre XI, fable IV, vers 22.)

Art d'être heureux qui sait le prix de la vie, qui voit non sans regret approcher la mort, mais qui est fait aussi de l'acceptation d'un destin inévitable. Y a-t-il sagesse plus profonde et plus émouvante que celle qui est exprimée dans *la Mort et le Mourant* (livre VIII, fable I)? Tout cela fait irrésistiblement penser à Montaigne. Sagesse un peu étroite, a-t-on dit; mais La Fontaine, comme Montaigne, n'est pas un égoïste. Il sait le prix de l'amitié, d'une amitié si délicate et si parfaite qu'on n'en trouve peut-être d'exemple qu'au Monomotapa : pourtant c'est lui — et il ne vit certes pas au Monomotapa — qui conçoit le bonheur d'une telle amitié et s'écrie avec ferveur :

> Qu'un ami véritable est une douce chose!
> (*Les Deux Amis*, livre VIII, fable XI, vers 26.)

Quelle leçon enfin donne le vieillard de la fable *le Vieillard et les Trois Jeunes Hommes* (livre XI, fable VIII) : loin de s'enfermer dans l'égoïsme d'une vieillesse impitoyable, ce sage tire satisfaction du travail qu'il accomplit pour les générations à venir. Y a-t-il plus bel exemple de solidarité humaine? Ainsi sans qu'il y paraisse, La Fontaine nous propose toute une méditation sur l'homme.

LA PRÉSENCE DU POÈTE

Cependant à travers la complexité de la fable, à travers les réflexions du poète enjouées parfois, plus souvent profondes, c'est l'image de celui-ci qui transparaît sans cesse, d'une manière plus fréquente et plus précise que dans le premier recueil. Avec les libertés qu'il a prises à l'égard des règles et des traditions du genre, le clin d'œil complice des premières fables est devenu une présence qui s'affirme. La Fontaine ne nous laisse rien ignorer de ses aversions, de ses goûts, de ses regrets parfois, où nous sentons passer le frémissement d'une âme et d'un cœur restés jeunes :

> Ah! si mon cœur osait encor se renflammer!
> Ne sentirai-je plus de charme qui m'arrête?
> Ai-je passé le temps d'aimer?
> (*Les Deux Pigeons*, livre IX, fable II, vers 81-83.)

La variété infinie de ses fables, les registres différents qu'il utilise, ses contradictions apparentes, tout reflète cette âme inquiète, incapable de se fixer, dont l'inconstance fait la richesse même. Pas plus que ses fables — et moins que jamais dans le second recueil — le poète ne se laisse enfermer dans un cadre rigide. Il serait sans doute plus satisfaisant pour l'esprit de pouvoir définir avec précision l'homme et son génie, mais en lui c'est la vie elle-même qui résiste aux investigations.

On trouvera dans le premier tome des *Fables choisies* un Lexique qui concerne l'ensemble des deux recueils.

FABLES

CHOISIES,

MISES EN VERS

PAR J. DE LA FONTAINE.

TOME SECOND.

A PARIS,

Chez { DESAINT & SAILLANT, rue Saint Jean de Beauvais.
DURAND, rue du Foin, en entrant par la rue S. Jacques.

M. DCC. LV.

De l'Imprimerie de CHARLES-ANTOINE JOMBERT.

PAGE DE TITRE DE L'ÉDITION DE 1755

AVERTISSEMENT

Voici un second recueil de fables que je présente au public. J'ai
jugé à propos de donner à la plupart de celles-ci un air et un tour
un peu différent de celui que j'ai donné aux premières, tant à cause
de la différence des sujets que pour remplir de plus de variété mon
ouvrage. Les traits familiers que j'ai semés avec assez d'abondance
dans les deux autres parties[1] convenaient bien mieux aux inventions
d'Ésope qu'à ces dernières[2], où j'en use plus sobrement pour ne pas
tomber en des répétitions; car le nombre de ces traits n'est pas infini.
Il a donc fallu que j'aie cherché d'autres enrichissements et étendu
davantage les circonstances de ces récits, qui d'ailleurs me semblaient
le demander de la sorte. Pour peu que le lecteur y prenne garde,
il le reconnaîtra lui-même : ainsi je ne tiens pas qu'il soit nécessaire
d'en étaler ici les raisons, non plus que de dire où j'ai puisé ces derniers sujets. Seulement je dirai, par reconnaissance, que j'en dois la
plus grande partie à Pilpay[3], sage indien. Son livre a été traduit en
toutes les langues[4]. Les gens du pays le croient fort ancien[5] et original à l'égard d'Ésope, si ce n'est Ésope lui-même sous le nom du
sage Locman[6]. Quelques autres m'ont fourni des sujets assez heureux. Enfin j'ai tâché de mettre en ces deux dernières parties toute
la diversité dont j'étais capable. [...]

---

1. Elles formaient les six premiers livres parus en 1668 ; 2. Les fables du second
recueil, pour la plupart, sont inspirées d'autres modèles qu'Ésope et Phèdre ;
3. Dans *le Livre des Lumières ou la Conduite des rois, composé par le sage Pilpay,
indien, traduit en français par David Sahib d'Ispahan, ville capitale de la Perse,*
Paris, 1644 ; 4. Malgré une légère exagération, due à la modestie de La Fontaine,
l'ouvrage de Pilpay a effectivement été traduit dans les langues anciennes et dans
la majorité des langues européennes ; 5. Il aurait été écrit vers le VIe siècle de notre
ère ; 6. D'après l'Avis au lecteur du *Livre des Lumières,* Locman et Ésope seraient
le même personnage.

■ QUESTIONS

■ SUR L'AVERTISSEMENT. — La notion de l'imitation dans la doctrine
littéraire classique : comment s'exprime-t-elle ici? Pourquoi La Fontaine
insiste-t-il sur l'ancienneté de Pilpay, par rapport à Ésope en particulier?
Montrez que l'éloignement géographique se substitue ici insensiblement
au recul dans le temps. Soulignez que, dans une certaine mesure, ce
texte marque un tournant entre le XVIIe et le XVIIIe siècle sur ce point.

— Définissez les préoccupations majeures de La Fontaine lorsqu'il
présente ce second recueil.

A MADAME DE MONTESPAN[1]

L'apologue est un don qui vient des Immortels[2] ;
     Ou si c'est un présent des hommes,
Quiconque nous l'a fait mérite des autels[3].
     Nous devons, tous tant que nous sommes,
5   Ériger en divinité
Le Sage[4] par qui fut ce bel art inventé.
C'est proprement[5] un charme[6] : il rend l'âme attentive,
     Ou plutôt il la tient captive,
     Nous attachant à des récits
10 Qui mènent à son gré les cœurs et les esprits.
O vous qui l'imitez[7], Olympe[8], si ma Muse
A quelquefois pris place à la table des Dieux[9],
Sur ses dons aujourd'hui daignez porter les yeux ;
Favorisez le jeu où mon esprit s'amuse[10].
15 Le temps, qui détruit tout, respectant votre appui,
Me laissera franchir les ans dans cet ouvrage :
Tout auteur qui voudra vivre encore après lui[11]
     Doit s'acquérir votre suffrage.
C'est de vous que mes vers attendent tout leur prix :
20   Il n'est beauté dans nos écrits
Dont vous ne connaissiez jusques[12] aux moindres traces.
Eh ! qui connaît que[13] vous les beautés et les grâces ?

---

1. Toute-puissante auprès du roi, Mme de Montespan protégeait les écrivains ; elle avait la réputation méritée d'avoir beaucoup d'esprit ; **2.** Dans la *Vie d'Esope,* il est dit que Mercure lui avait fait don de la fable ; **3.** D'être honoré comme un dieu ; **4.** Ésope ; **5.** *Proprement :* véritablement ; **6.** *Charme :* sortilège (sens fort, comme le développent les trois vers suivants) ; **7.** Par votre pouvoir de charmer ; **8.** Nom donné par fantaisie à Mme de Montespan, souvenir des habitudes précieuses ; **9.** Selon Homère (*l'Iliade,* I, 604), les Muses sont présentes aux festins des dieux. Peut-être La Fontaine veut-il dire que les *Fables* ont plu aux dieux que sont le roi et le Dauphin, qui avait accepté la dédicace du premier recueil ; **10.** *S'amuser :* s'occuper ; **11.** Qui voudra se survivre ; **12.** *Jusques :* orthographe courante au XVIIe siècle, justifiée d'autre part ici par les besoins de la versification ; **13.** *Que :* si ce n'est.

Paroles et regards, tout est charme dans vous.
      Ma Muse, en un sujet si doux,
25   Voudrait s'étendre davantage;
Mais il faut réserver à d'autres cet emploi;
      Et d'un plus grand maître[1] que moi
      Votre louange est le partage.
Olympe, c'est assez qu'à mon dernier ouvrage
30 Votre nom serve un jour de rempart et d'abri;
Protégez désormais le livre favori[2]
Par qui j'ose espérer une seconde vie;
      Sous vos seuls auspices, ces vers
      Seront jugés, malgré l'envie,
35   Dignes des yeux de l'univers.
Je ne mérite pas une faveur si grande;
      La Fable en son nom la demande :
Vous savez quel crédit ce mensonge[3] a sur nous.
S'il procure à mes vers le bonheur de vous plaire.
40 Je croirai lui devoir un temple pour salaire[4] :
Mais je ne veux bâtir des temples que pour vous.

---

1. S'agit-il d'un plus grand poète ou de Louis XIV? 2. *Favori :* que vous daignez favoriser; 3. *Mensonge :* fiction; 4. *Salaire :* récompense.

FABLES

LIVRE SEPTIÈME

I. — LES ANIMAUX MALADES DE LA PESTE[1]

       Un mal qui répand la terreur,
       Mal que le Ciel en sa fureur
Inventa pour punir les crimes de la terre,
La Peste (puisqu'il faut l'appeler par son nom[2]),
5 Capable d'enrichir en un jour l'Achéron[3],
       Faisait aux Animaux la guerre.
Ils ne mouraient pas tous, mais tous étaient frappés :
       On n'en voyait point d'occupés
A chercher le soutien d'une mourante vie;
10   Nul mets n'excitait leur envie;
       Ni loups ni renards n'épiaient
       La douce et l'innocente proie;
       Les tourterelles se fuyaient :
       Plus d'amour, partant[4] plus de joie.
15 Le Lion tint conseil, et dit : « Mes chers amis,
       Je crois que le Ciel a permis
       Pour nos péchés cette infortune.
       Que le plus coupable de nous

---

   1. *Peste :* nom donné pendant longtemps à toute épidémie dont l'ampleur et les ravages justifient la *terreur* invoquée au premier vers. L'importance sociale de ce fléau collectif, la place de la religion dans la vie, d'autre part, expliquent la situation présentée par cette fable; 2. La peste inspirait une telle terreur qu'on évitait d'en prononcer le nom; 3. *Achéron :* fleuve des Enfers, puis les Enfers eux-mêmes. Souvenir de Sophocle (*Œdipe roi*, vers 30); 4. *Partant :* par suite.

QUESTIONS

Fable I : les Animaux malades de la peste.

    Sources : 1º *De la confession de l'Âne, du Renard et du Loup* (Haudent, II, fable LX);
       2º *Fable morale du Lion, du Loup et de l'Âne* (Guéroult, *le Premier Livre des Emblèmes*).

● Vers 1-14. Pourquoi cette périphrase au lieu de désigner directement la peste? Quelle impression donne-t-elle (vers 1-6)? — La peinture des ravages de la peste (vers 6-14) : étudiez-en la progression. — Pourquoi La Fontaine a-t-il choisi ces animaux, et dans cet ordre (vers 10-14)? Étudiez le rythme et les sonorités dans les vers 10-14.

« Un loup, quelque peu clerc, prouva par sa harangue
Qu'il fallait dévouer ce maudit animal... »

LES ANIMAUX MALADES DE LA PESTE
par Grandville (1803-1847).

« Rien que la mort n'était capable
D'expier son forfait : on le lui fit bien voir. »

LES ANIMAUX MALADES DE LA PESTE
par Gustave Doré (1833-1883).

Se sacrifie aux traits du céleste courroux;
20 Peut-être il obtiendra la guérison commune.
L'histoire nous apprend qu'en de tels accidents[1],
    On fait de pareils dévouements[2].
Ne nous flattons[3] donc point; voyons sans indulgence
    L'état de notre conscience.
25 Pour moi, satisfaisant mes appétits gloutons,
    J'ai dévoré force moutons.
    Que m'avaient-ils fait? Nulle offense;
Même il m'est arrivé quelquefois de manger
    Le berger.
30 Je me dévouerai donc, s'il le faut : mais je pense
Qu'il est bon que chacun s'accuse ainsi que moi :
Car on doit souhaiter, selon toute justice,
    Que le plus coupable périsse.
    — Sire, dit le Renard, vous êtes trop bon roi;
35 Vos scrupules font voir trop de délicatesse.
Eh bien! manger moutons, canaille[4], sotte espèce,
Est-ce un péché? Non, non. Vous leur fîtes, Seigneur,
    En les croquant, beaucoup d'honneur;
    Et quant au berger, l'on peut dire
40   Qu'il était digne de tous maux,
Étant de ces gens-là qui sur les animaux
    Se font un chimérique empire[5]. »
Ainsi dit le Renard; et flatteurs d'applaudir.
    On n'osa trop approfondir
45 Du Tigre, ni de l'Ours, ni des autres puissances,
    Les moins pardonnables offenses.
Tous les gens querelleurs, jusqu'aux simples mâtins[6],
Au dire de chacun, étaient de petits saints.

---

1. *Accident* : ce qui arrive par hasard (presque toujours en mauvaise part);
2. *Dévouement* : au sens propre, chez les Anciens, immolation volontaire d'un héros qui sacrifie sa vie pour la patrie, après s'être voué aux divinités infernales;
3. *Se flatter* : avoir pour soi-même une indulgence excessive; 4. *Canaille* : petites gens, gens méprisables; 5. *Empire* : pouvoir absolu; 6. *Mâtin* : gros chien de garde.

━━━━━━━ QUESTIONS ━━━━━━━

● VERS 15-33. Le discours du lion (vers 15-24) : étudiez-en les nuances à l'aide du vocabulaire. Comment le lion invite-t-il les autres animaux à une entière confiance? Ne devinons-nous pas en lui une certaine hypocrisie? — La parodie de la confession (vers 25-29) : comment La Fontaine la rend-il par les mots et le rythme? — Quel effet produisent les trois syllabes du vers 29, et le rejet après un alexandrin? — Quelles restrictions apparaissent dans les paroles du lion (vers 30-33)? Ne pouvons-nous prévoir la suite?

L'Ane vint à son tour, et dit : « J'ai souvenance[1]

50 　　　　Qu'en un pré de moines passant,

La faim, l'occasion, l'herbe tendre, et, je pense,

　　　　Quelque diable aussi me poussant,

Je tondis de ce pré la largeur de ma langue.

Je n'en avais nul droit puisqu'il faut parler net[2]. »

55 A ces mots, on cria haro[3] sur le Baudet.

Un Loup, quelque peu clerc[4], prouva par sa harangue

Qu'il fallait dévorer[5] ce maudit animal,

Ce pelé, ce galeux, d'où venait tout leur mal.

Sa peccadille fut jugée un cas pendable.

60 Manger l'herbe d'autrui ! quel crime abominable !

　　　　Rien que[6] la mort n'était capable

D'expier son forfait : on le lui fit bien voir.

Selon que vous serez puissant ou misérable,

Les jugements de cour[7] vous rendront blanc ou noir.

---

　　1. *Souvenance* : souvenir lointain (archaïque) ; 2. *Parler net* : parler franchement ; 3. *Haro* : terme juridique. En Normandie, celui contre qui on criait « haro » comparaissait immédiatement en justice ; 4. *Clerc* : lettré, savant ; 5. Voir vers 22 et la note ; 6. *Que* : sinon ; 7. Le mot a sans doute le double sens de cour du roi et de cour de justice.

--------- **QUESTIONS** ---------

● Vers 34-48. Quels sentiments le renard flatte-t-il chez le lion ? Comment esquive-t-il sa propre confession ? — Pourquoi, aux vers 43-48, cette ellipse dans le récit ? Quel est l'intérêt du mot *puissances* (vers 45) ? — Qu'entend-on par *Les moins pardonnables offenses* (vers 46) ?

● Vers 49-62. L'âne n'essaie-t-il pas d'atténuer sa faute le plus possible (choix des mots, hésitations, place de l'aveu) ? Pourquoi ? — Comment les « grands » rassurent-ils leur conscience ? Montrez la parfaite psychologie de La Fontaine (vers 55-62). — Le choix du loup *quelque peu clerc* n'est-il pas significatif ? Expliquez l'ironie du mot *prouva*. — L'alternance, aux vers 60-63, du récit et du style indirect. Quel est son effet ?

● Vers 63-64. La brutalité de la morale. Sur quel ton La Fontaine la prononce-t-il ?

■ Sur l'ensemble de la fable I. — Quelle institution semble critiquée sous le déguisement animal ? Relevez les termes qui pourraient s'appliquer directement aux hommes ?

　　— Peut-on parler, à propos de cette fable, du sens social chez La Fontaine ?

　　— La vérité psychologique : montrez que chaque animal réagit en fonction du caractère qui lui est traditionnellement attribué ; que d'autre part la réaction collective — sensible sous une forme plus timide jusque chez l'âne — est vraisemblable, si l'on tient compte de la signification que l'on accordait autrefois aux fléaux (épidémies, par ex.).

III. — LE RAT QUI S'EST RETIRÉ DU MONDE

       Les Levantins[1] en leur légende[2]
Disent qu'un certain Rat, las des soins[3] d'ici-bas,
       Dans un fromage de Hollande
       Se retira loin du tracas.
5   La solitude était profonde,
       S'étendant partout à la ronde.
Notre ermite nouveau[4] subsistait[5] là dedans.
       Il fit tant, de pieds et de dents,
Qu'en peu de jours il eut au fond de l'ermitage
10 Le vivre et le couvert : que faut-il davantage ?
Il devint gros et gras[6] : Dieu prodigue ses biens
       A ceux qui font vœu d'être siens.
       Un jour, au dévot personnage,
       Des députés du peuple rat
15 S'en vinrent demander quelque aumône légère :
       Ils allaient en terre étrangère
Chercher quelque secours contre le peuple chat ;
       Ratopolis[7] était bloquée :
On les avait contraints de partir sans argent,
20   Attendu l'état indigent
       De la république[8] attaquée.
Ils demandaient fort peu, certains que le secours
       Serait prêt dans quatre ou cinq jours.

---

1. *Levantins* : peuples du Levant ou de l'Orient ; 2. *Légende* : au sens propre, recueil de récits de la Vie des saints ; 3. *Soins* : soucis, préoccupations ; 4. *Nouveau* : d'un nouveau genre ; 5. *Subsister* : trouver sa subsistance ; 6. Rapprochez de Molière, dépeignant Tartuffe « gros et gras [...], et la bouche vermeille », et La Fontaine, *Fables*, VII, XVI, 34 ; 7. *Ratopolis* : la Ville des rats (mot forgé par La Fontaine) ; 8. *République* : État.

———— QUESTIONS ————

Fable III : **Le Rat qui s'est retiré du monde.**

    Fable sans doute inventée par La Fontaine.

● Vers 1-12. Étudiez la fantaisie de La Fontaine dans la présentation de son personnage (vers 1-4). — Comment le poète assimile-t-il le rat à un ermite ? Quels détails nous montrent l'ironie du poète ?

● Vers 13-23. Pourquoi La Fontaine met-il en tête le qualificatif *dévot* (vers 13) ? — Étudiez les différents arguments des solliciteurs. Ne sent-on pas à leur accumulation la résistance de l'ermite ? Justifiez l'emploi du style indirect libre par le sens de la requête et l'attitude du rat ermite.

> « Mes amis, dit le Solitaire,
25 Les choses d'ici-bas ne me regardent plus :
> En quoi peut un pauvre reclus
> Vous assister ? que peut-il faire
> Que[1] de prier le Ciel qu'il vous aide en ceci ?
> J'espère qu'il aura de vous quelque souci. »
30 Ayant parlé de cette sorte,
> Le nouveau saint ferma sa porte.

> Qui désigné-je, à votre avis,
> Par ce Rat si peu secourable ?
> Un moine ? Non, mais un dervis[2] :
35 Je suppose qu'un moine est toujours charitable[3].

------

1. *Que :* si ce n'est (voir VII, I, 61); 2. *Dervis* (ou derviche) : moine mahométan; 3. Cette fable daterait de mai 1675. Or, la même année, le clergé régulier avait vivement protesté contre la contribution de 300 000 livres que voulait lui imposer l'Assemblée du clergé, à titre de participation au « don gratuit » destiné à couvrir les dépenses de la guerre de Hollande.

■■■■ **QUESTIONS** ■■■■

● Vers 24-31. Par quels procédés s'exprime la comédie du renoncement ? Étudiez notamment les références au vocabulaire religieux et le ton du personnage. En même temps que l'hypocrisie et le mensonge, la réponse de l'ermite n'exprime-t-elle pas un égoïsme féroce ? Pourquoi La Fontaine passe-t-il au style direct ? Étudiez le rythme des vers 30-31.

● Vers 32-35. Montrez que les interrogations jouent un rôle particulier dans l'expression de l'hypocrisie. La moralité aurait pu être brutale. Comment La Fontaine lui a-t-il donné une apparente bonhomie ? Montrez que sa dureté s'en trouve renforcée.

■ Sur l'ensemble de la fable III. — L'art de La Fontaine : montrez comment le début de la fable autorise l'avant-dernier vers et permet le trait final. Soulignez, dans le récit, le jeu des antithèses : 1º entre les attitudes du rat dévot et celles des parlementaires; 2º entre la situation de l'un et des autres; 3º entre les paroles et la situation matérielle de l'ermite.

— La fable n'ayant pas de sources connues avec certitude, quels rapprochements peut-on faire avec Molière sur ce même sujet (voir *le Tartuffe* et *Dom Juan*, en particulier) ? Flétrir l'hypocrisie des faux dévots, était-ce à l'époque le fait des seuls libertins ?

— Montrez que l'indignation du poète est à peine déguisée, malgré l'ironie et l'apparente impartialité.

IV. — LE HÉRON

Un jour, sur ses longs pieds, allait je ne sais où,
Le Héron au long bec emmanché d'un long cou.
      Il côtoyait une rivière.
L'onde était transparente ainsi qu'aux plus beaux jours;
5 Ma commère[1] la Carpe y faisait mille tours
      Avec le Brochet son compère.
Le Héron en eût fait aisément son profit :
Tous approchaient du bord; l'oiseau n'avait qu'à prendre.
      Mais il crut mieux faire d'attendre
10   Qu'il eût un peu plus d'appétit :
Il vivait de régime[2] et mangeait à ses heures.
Après quelques moments, l'appétit vint : l'Oiseau,
S'approchant du bord, vit sur l'eau
Des tanches qui sortaient du fond de ces demeures.
15 Le mets ne lui plut pas; il s'attendait à mieux,
      Et montrait un goût dédaigneux,
      Comme le Rat[3] du bon Horace.
« Moi, des tanches! dit-il, moi, Héron, que je fasse
Une si pauvre chère[4]? Et pour qui me prend-on? »
20 La tanche rebutée[5] il trouva du goujon.
  « Du goujon! c'est bien là le dîner d'un Héron!
J'ouvrirais pour si peu le bec! aux Dieux ne plaise[6]! »

---

1. Allusion possible à la *Lettre de la Carpe au Brochet*, écrite par Voiture au duc d'Enghien; 2. *De régime :* avec régime, d'une manière réglée; 3. Chez Horace (*Satires*, II, vi, 87), le rat de ville invité par le rat des champs fait le dégoûté; 4. *Chère:* repas; 5. Après avoir refusé la tanche; 6. Subjonctif sans *que*.

━━━━━━━━ QUESTIONS ━━━━━━━━

Fable IV : le Héron.

    SOURCE : *l'Oiseleur et le Pinson.* — Un oiseleur avait tendu ses filets aux oiseaux et répandu pour eux sur l'aire une pâture abondante. Cependant il ne prenait pas les oiseaux en train de picorer parce qu'ils lui semblaient trop peu nombreux. Ceux-ci une fois rassasiés s'envolèrent. D'autres vinrent en quête de nourriture. Cette fois encore il dédaigna de les prendre, à cause de leur petit nombre. Le même manège dura toute la journée : des oiseaux survenaient, d'autres s'éloignaient, et l'homme attendait toujours une proie plus considérable. Enfin le soir commença à tomber. Alors l'oiseleur, perdant l'espoir de faire une grande prise et songeant qu'il était l'heure de se reposer, ramassa ses filets. Il prit seulement un pinson qui, le malheureux! s'était attardé sur l'aire. Cette fable montre que ceux qui veulent tout embrasser bien souvent ne prennent et à grand peine, que peu de chose (Abstémius, fable XXXIX).

● VERS 1-6. Comment est présenté le héron? Étudiez l'art de la caricature chez La Fontaine. — La peinture de la rivière est-elle purement lyrique ou annonce-t-elle la suite du récit?

Il l'ouvrit pour bien moins : tout alla de façon
      Qu'il ne vit plus aucun poisson.
25 La faim le prit : il fut tout heureux et tout aise
      De rencontrer un limaçon.

      Ne soyons pas si difficiles :
Les plus accommodants, ce sont les plus habiles;
On hasarde de perdre[1] en voulant trop gagner.
30   Gardez-vous de rien dédaigner,
Surtout quand vous avez à peu près votre compte [...]

VII. — LA COUR DU LION

Sa Majesté lionne[2] un jour voulut connaître
De quelles nations le Ciel l'avait fait maître.
      Il manda[3] donc par députés
      Ses vassaux de toute nature,

----

1. On risque de tout perdre; 2. Adjectif. L'expression fait penser à « Sa Majesté très chrétienne »; 3. *Mander :* faire venir.

■ QUESTIONS

● Vers 7-26. Indiquez les différentes étapes du récit (choix de certains mots). Dans quel ordre sont présentées les différentes proies possibles? Comment l'auteur exprime-t-il le dédain du héron (enjambements, rythme, vers 18 à 22)? — Étudiez le rythme des vers 25-26. Que marque-t-il?

● Vers 27-31. Le conseil que nous donne La Fontaine est-il très difficile à suivre? A quelle catégorie de personnes l'auteur s'adresse-t-il ici?

■ Sur l'ensemble de la fable IV. — L'art du conte d'après cette fable. La peinture des animaux : le héron. Comment de l'apparence physique La Fontaine déduit-il avec bonheur une psychologie vraisemblable? — Étudiez le mélange du récit et des réflexions personnelles de l'auteur. Définissez l'effet produit.

— Rapprochez cette fable de II, 1 (tome premier, p. 53), en particulier les deux moralités. La Fontaine ne rejoint-il pas ici une des revendications essentielles de Corneille (querelle du *Cid*) et de Molière (*Critique de « l'Ecole des femmes »*)?

Fable VII : la Cour du Lion.

    Source : *le Lion, l'Ane, le Loup et le Renard* (Jacques Régnier, *Apologues de Phèdre*, I, xxxiii).

● Vers 1-14. Étudiez la solennité du début (vers 1-2). — Montrez que les octosyllabes 3-12 constituent une véritable parodie d'un édit royal. — Les vers 13-14 ne traduisent-ils pas la vanité du roi?

5   Envoyant de tous les côtés
         Une circulaire¹ écriture
         Avec son sceau. L'écrit portait
         Qu'un mois durant le Roi tiendrait
         Cour plénière², dont l'ouverture
10   Devait être un fort grand festin,
         Suivi des tours de Fagotin³.
         Par ce trait de magnificence
    Le Prince à ses sujets étalait sa puissance.
         En son Louvre il les invita.
15 Quel Louvre! un vrai charnier, dont l'odeur se porta
    D'abord⁴ aux nez des gens. L'Ours boucha sa narine :
    Il se fût bien passé⁵ de faire cette mine;
    Sa grimace déplut : le Monarque irrité
    L'envoya chez Pluton⁶ faire le dégoûté.
20 Le Singe approuva fort cette sévérité,
    Et flatteur excessif, il loua la colère⁷
    Et la griffe du Prince, et l'antre, et cette odeur :
         Il n'était ambre, il n'était fleur
    Qui ne fût ail au prix⁸. Sa sotte flatterie
25 Eut un mauvais succès⁹, et fut encor punie :
         Ce Monseigneur du Lion-là
         Fut parent de Caligula¹⁰.
    Le Renard étant proche : « Or çà, lui dit le Sire,
    Que sens-tu? dis-le-moi : parle sans déguiser. »
30   L'autre aussitôt de s'excuser,

---

1. Le mot est devenu un nom; 2. *Cour plénière* : assemblée solennelle où le roi convoquait ses principaux vassaux; 3. *Fagotin* : singe savant du bateleur Brioché, très célèbre alors et cité par Molière, le *Tartuffe*, II, III, 666. Les états provinciaux étaient accompagnés de fêtes; 4. *D'abord* : tout de suite; 5. Il eût mieux valu pour lui ne pas...; 6. *Pluton* : dieu des Enfers; 7. Ce vers ne rime avec aucun autre; 8. *Au prix* : en comparaison; 9. *Succès* : résultat; 10. A la mort de sa sœur Drusilla, l'empereur *Caligula* fit périr non seulement ceux qui ne la pleuraient pas, mais encore ceux qui la pleuraient, sous prétexte que, l'apothéose lui ayant conféré l'immortalité, elle ne devait pas être pleurée.

――――― QUESTIONS ―――――

● Vers 15-27. Quel effet produit la juxtaposition des mots *Louvre* et *charnier* (vers 15)? Étudiez le réalisme des vers 15-16. — Dans quel ordre sont rangées les expressions qui qualifient le comportement de l'ours? L'animal a-t-il gardé ici le caractère que lui prête habituellement le fabuliste? — Par quels procédés (rythme, mots, etc.) La Fontaine rend-il le caractère excessif de la louange du singe? — La punition du singe vous paraît-elle logique? En quoi l'attitude du singe ne fait-elle que souligner ce qui est désagréable au lion?

Alléguant un grand rhume : il ne pouvait que dire
              Sans odorat[1]. Bref, il s'en tire.

           Ceci vous sert d'enseignement :
Ne soyez à la cour, si vous voulez y plaire,
35 Ni fade adulateur, ni parleur trop sincère,
Et tâchez quelquefois de répondre en Normand.

IX. — LE COCHE[2] ET LA MOUCHE

Dans un chemin montant, sablonneux, malaisé,
Et de tous les côtés au soleil exposé,
              Six forts chevaux tiraient un Coche.

---

1. Style indirect; 2. « Voiture posée sur quatre roues, qui est en forme de carrosse, à la réserve qu'il est plus grand et qu'il n'est point suspendu. On s'en sert
pour aller de ville en ville. Il y a des coches de Paris à Lyon, Rouen, Bordeaux
et à toutes les grandes villes de commerce » (Furetière).

--- **QUESTIONS** ---

● VERS 28-32. Les paroles du lion ne se ressentent-elles pas de son
irritation? — La malice du renard (mots, enjambements, rythme).

● VERS 33-36. La satire de la Cour : la moralité ne peut-elle s'expliquer par l'expérience personnelle de La Fontaine?

■ SUR L'ENSEMBLE DE LA FABLE VII. — Le choix des animaux dans cette
fable a-t-il été laissé au hasard? Montrez que le comportement de chacun
d'eux est lié à son caractère.

— La moralité de cette fable : que vise La Fontaine? Peut-on utiliser
cet exemple pour lui reprocher de ne donner que des conseils d'habileté pratique?

— Comment le rythme et le vocabulaire reflètent-ils précisément les
attitudes et les sentiments des protagonistes?

Fable IX : le Coche et la Mouche.

SOURCES : 1° *la Mouche et la Mule.* — Une mouche se posa sur le timon
d'un char, et, gourmandant la mule : « Que tu es lente, dit-elle! Tu ne veux pas
aller plus vite? Prends garde que je ne te perce le cou de mon aiguillon. » L'autre
répond : « Tes paroles ne m'émeuvent pas. C'est le maître que je crains, qui,
assis sur le siège de devant, d'un fouet flexible, gouverne mon joug et contient
ma bouche d'un frein écumant. C'est pourquoi laisse là ta sotte arrogance,
car je sais où il faut ralentir et où il faut courir. » Cette fable peut tourner en
dérision l'homme dénué de mérite qui prodigue de vaines menaces (Phèdre,
Fables ésopiques, III, VI);

2° *La Mouche qui, perchée sur un quadrige, disait qu'elle soulevait de la poussière.* — Des quadriges couraient dans le stade. Une grande poussière était
soulevée et par les pieds des chevaux et par le mouvement des roues. La mouche
disait : « Quelle puissante poussière j'ai soulevée! » — Cette fable s'en prend
à ceux qui, tout insignifiants qu'ils soient, essaient d'annexer par leurs propos
pompeux la gloire d'autrui (Abstémius, I, XVI).

● VERS 1-5. Par quels procédés La Fontaine nous rend-il sensible la
difficulté de la route (rythme, allitérations, progression des termes)?

Femmes, moine, vieillards, tout était descendu[1];
5 L'attelage suait, soufflait, était rendu[2].
 Une Mouche survient, et des chevaux s'approche,
 Prétend[3] les animer par son bourdonnement,
 Pique l'un, pique l'autre, et pense à tout moment
       Qu'elle fait aller la machine[4],
10 S'assied sur le timon, sur le nez du cocher.
       Aussitôt que le char chemine[5],
       Et qu'elle voit les gens marcher,
 Elle s'en attribue uniquement la gloire,
 Va, vient, fait l'empressée : il semble que ce soit
15 Un sergent de bataille[6] allant en chaque endroit
 Faire avancer ses gens et hâter la victoire.
       La Mouche, en ce commun besoin,
 Se plaint qu'elle agit seule, et qu'elle a tout le soin[7];
 Qu'aucun n'aide aux chevaux à se tirer d'affaire.
20   Le moine disait son bréviaire :
 Il prenait bien son temps[8]! Une femme chantait :
 C'était bien de chansons qu'alors il s'agissait !
 Dame Mouche s'en va chanter à leurs oreilles,
       Et fait cent sottises pareilles.
25 Après bien du travail, le Coche arrive au haut :
 « Respirons maintenant! dit la Mouche aussitôt :

―――――――――

 1. Souvenir personnel de La Fontaine (voir *le Voyage en Limousin* [lettre à Mlle de La Fontaine, du 30 août 1663] : « [...] Dieu voulut enfin que le carrosse passât; [...] point de moines, mais en récompense, trois femmes, un marchand qui ne disait mot et un notaire qui chantait toujours. [...] Tout ce que nous étions d'hommes dans le carrosse, nous descendîmes afin de soulager les chevaux »); **2.** *Rendu :* épuisé, exténué; **3.** *Prétendre :* avoir l'intention ferme; **4.** *Machine :* chose pesante et difficile à remuer; **5.** *Cheminer :* avancer lentement et régulièrement; **6.** *Sergent de bataille :* « grand officier dans un régiment d'infanterie, qui sert à cheval, qui a soin de faire faire exercice à son corps, de former le bataillon, de le rallier dans une déroute, et d'en avoir soin à toutes occasions » (Furetière); **7.** *Soin :* peine; **8.** Il choisissait bien son moment (style indirect).

――――― **QUESTIONS** ―――――

● Vers 6-16. Comment se traduit l'activité fébrile de la mouche? A quoi se trahit le jugement que porte sur elle La Fontaine?

● Vers 17-28. Faites le portrait moral de la mouche. Comment, aux vers 20-22, l'alternance du style indirect et du récit traduit-elle son irritation? Que marque le mot *Dame* (vers 23)? Pourquoi la répétition *chantait-chansons* (vers 21-22)?

J'ai tant fait que nos gens sont enfin dans la plaine[1].
Çà, Messieurs les Chevaux, payez-moi de ma peine. »

Ainsi certaines gens, faisant les empressés,
30   S'introduisent dans les affaires :
    Ils font partout les nécessaires[2],
Et, partout importuns, devraient être chassés.

X. — LA LAITIÈRE ET LE POT AU LAIT

Perrette, sur sa tête ayant un Pot au lait
   Bien posé sur un coussinet,
Prétendait[3] arriver sans encombre à la ville.
Légère et court vêtue, elle allait à grands pas,
5 Ayant mis, ce jour-là, pour être plus agile,
   Cotillon[4] simple et souliers plats[5].

---

1. *Plaine* : endroit où la route cesse de monter; 2. Rapprochez de Molière, *l'Avare* (III, I) : « Monsieur l'Intendant fait bien le nécessaire »; 3. Voir VII, IX, 7. Ici sans idée de vanité prétentieuse; 4. *Cotillon* : petite jupe de paysanne; 5. Sans talons.

--- **QUESTIONS** ---

● VERS 29-32. La Fontaine vous semble-t-il tendre pour les importuns ? Quel sentiment éprouve-t-il à leur égard ?

■ SUR L'ENSEMBLE DE LA FABLE IX. — Montrez l'art avec lequel La Fontaine met en scène des humains et des animaux et peut donner le premier rôle à une mouche sans importance.

— La peinture par le rythme et les sonorités.
— La vie du récit. Le pittoresque dans les descriptions et l'observation des personnages et du mouvement.

Fable X : **la Laitière et le Pot au lait.**

SOURCE : *Comparaison des alchimistes à la bonne femme qui portait une potée de lait au marché.* — [Elle faisait] son compte ainsi : qu'elle la vendrait deux liards; de ces deux liards elle en achèterait une douzaine d'œufs, lesquels elle mettrait couver et en aurait une douzaine de poussins; ces poussins deviendraient grands et les ferait chaponner; ces chapons vaudraient cinq sous la pièce; ce serait un écu et plus dont elle achèterait deux cochons, mâle et femelle, qui deviendraient grands et en feraient une douzaine d'autres qu'elle vendrait vingt sous la pièce après les avoir nourris quelque temps; ce serait 12 francs, dont elle achèterait une jument qui porterait un beau poulain, lequel croîtrait et deviendrait tant gentil; il sauterait et ferait « hin ». Et en disant « hin », la bonne femme, de l'aise qu'elle avait en son compte, se prit à faire la ruade que ferait son poulain et, en la faisant, sa potée va tomber et se répandit toute. Et voilà ses œufs, ses poussins, ses chapons, ses cochons, sa jument et son poulain, tous par terre (Bonaventure Des Périers, nouvelle XIV).

● VERS 1-6. A quoi tient la grâce du portrait de Perrette ? L'observation réaliste des détails.

Notre laitière ainsi troussée[1]
Comptait déjà dans sa pensée
Tout le prix de son lait, en employait l'argent;
10 Achetait un cent d'œufs, faisait triple couvée[2] :
La chose allait à bien par son soin diligent.
« Il m'est, disait-elle, facile
D'élever des poulets autour de ma maison;
Le renard sera bien habile
15 S'il ne m'en laisse assez pour avoir un cochon.
Le porc à s'engraisser coûtera peu de son;
Il était, quand je l'eus, de grosseur raisonnable :
J'aurai, le revendant[3], de l'argent bel et bon.
Et qui m'empêchera de mettre en notre étable,
20 Vu le prix dont il est[4], une vache et son veau,
Que je verrai sauter au milieu du troupeau? »
Perrette là-dessus saute aussi, transportée :
Le lait tombe; adieu veau, vache, cochon, couvée.
La dame[5] de ces biens, quittant d'un œil marri[6]
25 Sa fortune ainsi répandue,
Va s'excuser à son mari,
En grand danger d'être battue.
Le récit en farce[7] en fut fait;
On l'appela le Pot au lait.
30 Quel esprit ne bat la campagne[8]?
Qui ne fait châteaux en Espagne[9]?
Picrochole, Pyrrhus[10], la Laitière, enfin tous,
Autant les sages que les fous.

---

1. *Troussée* : arrangée, et même avec grâce; 2. Elle faisait couver trois fois la même poule, ou, plus vraisemblablement, trois poules en même temps; 3. Gérondif sans préposition; 4. Étant donné le prix que j'en tirerai; 5. *Dame* : maîtresse (ici avec nuance d'ironie); 6. *Marri* : triste, affligé (vieux mot); 7. *Farce* : comédie populaire médiévale. On ne connaît pas de farce de ce nom; 8. *Battre la campagne* : divaguer (au sens figuré); 9. Expression proverbiale qui se trouve déjà dans le *Roman de la Rose*; 10. *Pyrrhus* : roi d'Épire, dont l'ambition excessive fut mentionnée par Boileau (Épître I, vers 61 et suivants); *Picrochole*, héros de Rabelais, ne rêvait que conquêtes (*Gargantua*, chap. XXVI et suivants).

● QUESTIONS ●

● VERS 7-21. Le rêve de Perrette ne prend-il pas appui sur la réalité?
— La progression du rêve va de pair avec la taille et le prix des animaux. Montrez-le. — Étudiez le jeu des temps dans les verbes employés par Perrette. Que signifie-t-il?

● VERS 22-29. Comment La Fontaine traduit-il la chute du rêve par le rythme et l'ordre des mots (vers 23-24)? Soulignez la progression dans le mouvement qui en explique le dénouement.

Chacun songe en veillant[1], il n'est rien de plus doux :
35 Une flatteuse erreur[2] emporte alors nos âmes;
Tout le bien du monde est à nous,
Tous les honneurs, toutes les femmes.
Quand je suis seul, je fais au plus brave un défi;
Je m'écarte[3], je vais détrôner le Sophi[4];
40 On m'élit roi, mon peuple m'aime;
Les diadèmes vont sur ma tête pleuvant[5] :
Quelque accident fait-il que je rentre en moi-même,
Je suis gros Jean[6] comme devant[7].

XI. — LE CURÉ ET LE MORT

Un Mort s'en allait tristement
S'emparer de son dernier gîte;
Un Curé s'en allait gaiement
Enterrer ce mort au plus vite.
5 Notre défunt était en carrosse porté,
Bien et dûment[8] empaqueté,

---

1. Rêve tout éveillé; 2. *Erreur* : illusion; 3. *S'écarter* : s'égarer; 4. *Sophi* : roi de Perse; 5. *Vont... pleuvant* : tournure qui insiste sur la continuité et la progression de l'action; 6. L'expression désigne un paysan lourdaud; 7. *Devant* : auparavant; 8. *Dûment* : comme il se doit (terme de procédure).

--- **QUESTIONS** ---

● VERS 30-43. S'agit-il vraiment d'une moralité? Montrez que La Fontaine nous fait une confidence pleine d'humour et exprime sa sympathie pour les rêveurs.

■ SUR L'ENSEMBLE DE LA FABLE X. — La bonhomie de l'auteur; sa sympathie pour l'héroïne de cette aventure.

— Comment l'auteur rend-il sensible le mélange du rêve démesuré et de logique chez le personnage?

— En quoi cette fable diffère-t-elle du genre habituel? Étudiez-en le lyrisme.

— Montrez le dynamisme qui anime le récit.

Fable XI : **le Curé et le Mort.**

SOURCE : M. de Boufflers a tué un homme après sa mort. Il était dans sa bière et en carrosse : on le menait à une lieue de Boufflers pour l'enterrer; son curé était avec le corps. On verse; la bière coupe le cou au pauvre curé (*Lettre* de Mme de Sévigné du 26 février 1672).

● VERS 1-9. Comment des octosyllabes identiques (vers 1-2; vers 3-4) rendent-ils un son entièrement différent? Quelle résonance particulière donne aux quatre premiers vers leur symétrie? Pourquoi a-t-on ici l'impression d'une chanson? — Étudiez l'humour noir et montrez comment il se teinte de mélancolie.

Et vêtu d'une robe, hélas! qu'on nomme bière,
   Robe d'hiver, robe d'été,
   Que les morts ne dépouillent guère.
10   Le Pasteur[1] était à côté,
   Et récitait, à l'ordinaire[2],
   Maintes dévotes oraisons,
   Et des psaumes et des leçons[3],
   Et des versets et des répons :
15   « Monsieur le Mort, laissez-nous faire,
 On vous en donnera de toutes les façons;
   Il ne s'agit que du salaire. »
Messire Jean Chouart[4] couvait des yeux son Mort,
Comme si l'on eût dû lui ravir ce trésor,
20   Et des regards semblait lui dire :
   « Monsieur le Mort, j'aurai de vous
   Tant en argent, et tant en cire[5],
   Et tant en autres menus coûts[6]. »
Il fondait là-dessus l'achat d'une feuillette[7]
25   Du meilleur vin des environs;
   Certaine nièce assez propette[8]
   Et sa chambrière Pâquette
   Devaient avoir des cotillons[9].
   Sur cette agréable pensée
30   Un heurt[10] survient : adieu le char.
   Voilà messire Jean Chouart
Qui du choc de son mort a la tête cassée.
Le paroissien en plomb[11] entraîne son pasteur;
   Notre Curé suit son seigneur;
35   Tous deux s'en vont de compagnie.

---

1. Le *pasteur* a charge d'âmes : il conduit en terre une de ses « ouailles »; 2. *A l'ordinaire* : suivant la manière accoutumée; 3. Dans les services religieux, on utilise certains passages séparés des Écritures ou des Pères : les *versets*. L'officiant lit les *leçons*, l'assistance dit les *répons*; 4. Nom emprunté à Rabelais, *Pantagruel*, XXI; 5. *Cire* : les cierges de l'enterrement, que l'on paie au curé ensuite; 6. *Coûts* : en autres menus frais; 7. *Feuillette* : barrique d'environ 135 litres; 8. *Propet* (ou propret) : qui a une propreté étudiée, élégante; 9. *Cotillons* : voir VII, x, 6, page 30; 10. *Heurt* : choc; 11. *En plomb* : dans le plomb, dans son cercueil.

● QUESTIONS ●

● Vers 10-28. Où est le comique des vers 11-17? Que veulent-ils parodier? — Les préoccupations du pasteur ne manquent-elles pas de piété? Montrez-le. Comparez cette partie de la fable à celle qui lui correspond dans *la Laitière et le Pot au lait*; qu'est-ce qui donne au *Curé et le Mort* un accent particulier?

Proprement[1] toute notre vie
Est le Curé Chouart, qui sur son Mort comptait,
Et la fable du Pot au lait.

XVI. — LE CHAT, LA BELETTE
ET LE PETIT LAPIN

Du palais d'un jeune Lapin
Dame Belette, un beau matin,
S'empara : c'est une rusée.

---

1. *Proprement* : exactement, réellement.

● **QUESTIONS** ━━━━━━━━━━━

● VERS 29-38. Opposez la fin de cette fable à celle de *la Laitière et le Pot au lait* (VII, x, p. 30). Le ton est-il le même? Pourquoi, à votre avis? — Étudiez la sonorité du vers 32.

■ SUR L'ENSEMBLE DE LA FABLE XI. — L'art des changements de ton.
— La légèreté du récit.
— En quoi cette fable s'apparente-t-elle à un fabliau du Moyen Age?
— Les éléments du comique traditionnel; qu'est-ce qui fait l'originalité de La Fontaine ici?
— Montrez que l'auteur a escamoté tout ce que mort peut avoir d'inquiétant.

Fable XVI : le Chat, la Belette et le Petit Lapin.

SOURCE : *Du Chat et d'une Perdrix.* — J'avais fait mon nid [*dit le corbeau*], sur un arbre auprès duquel il y avait une perdrix de belle taille et de bonne humeur. Nous liâmes un commerce d'amitié et nous nous entretenions souvent ensemble. Elle s'absenta, je ne sais pour quel sujet, et demeura si longtemps sans paraître que je la croyais morte. Néanmoins elle revint, mais elle trouva sa maison occupée par un autre oiseau. Elle le voulut mettre dehors, ce qui refusa d'en sortir disant que sa possession était juste. La perdrix de son côté prétendait rentrer dans son bien et tenait cette possession de nulle valeur. Je m'employai inutilement à les accorder. A la fin la perdrix dit : « Il y a ici près un chat très dévot : il jeûne tous les jours, ne fait de mal à personne et passe les nuits en prière : nous ne saurions trouver juge plus équitable. » L'autre oiseau y ayant consenti, ils allèrent tous deux trouver ce chat de bien. La curiosité de le voir m'obligea de les suivre. En entrant, je vis un chat debout très attentif à une longue prière, sans se tourner de côté ni d'autre, ce qui me fit souvenir de ce vieux proverbe : que la longue oraison devant le monde est la clef de l'enfer. J'admirai cette hypocrisie et j'eus la patience d'attendre que ce vénérable personnage eût fini sa prière. Après cela, la perdrix et sa partie s'approchèrent de lui fort respectueusement et le supplièrent d'écouter leur différend et de les juger suivant la justice ordinaire. Le chat, faisant le discret, écouta le plaidoyer de l'oiseau, puis s'adressant à la perdrix : « Belle fille, ma mie, lui dit-il, je suis vieux et n'entends pas de loin; approchez-vous et haussez votre voix afin que je ne perde pas un mot de tout ce que vous me direz. » La perdrix et l'autre oiseau s'approchèrent aussitôt avec confiance, le voyant si dévot, mais il se jeta sur eux et les mangea l'un après l'autre (Pilpay, *le Livre des Lumières*).

Le maître étant absent, ce lui fut chose aisée.
5 Elle porta chez lui ses pénates[1], un jour
   Qu'il était allé faire à l'Aurore sa cour
      Parmi le thym et la rosée.
Après qu'il eut brouté, trotté, fait tous ses tours,
Janot Lapin retourne aux souterrains séjours.
10 La Belette avait mis le nez à la fenêtre.
« O Dieux hospitaliers[2] ! que vois-je ici paraître ?
Dit l'animal chassé du paternel logis.
      Holà ! Madame la Belette,
      Que l'on déloge sans trompette[3],
15 Ou je vais avertir tous les Rats du pays. »
La dame au nez pointu répondit que la terre
      Était au premier occupant[4].
   « C'était[5] un beau sujet de guerre
Qu'un logis où lui-même il n'entrait qu'en rampant.
20   Et quand ce serait un royaume,
Je voudrais bien savoir, dit-elle, quelle loi
      En a pour toujours fait l'octroi[6]
A Jean, fils ou neveu de Pierre ou de Guillaume,
   Plutôt qu'à Paul, plutôt qu'à moi ! »
25 Jean Lapin allégua la coutume et l'usage[7] :
« Ce sont, dit-il, leurs lois qui m'ont de ce logis
Rendu maître et seigneur, et qui, de père en fils,
L'ont de Pierre à Simon, puis à moi, Jean, transmis.

---

1. *Pénates* : chez les Romains, dieux protecteurs de la maison, du foyer. *Porter ses pénates chez quelqu'un* : s'installer au foyer de quelqu'un ; 2. Ce sont les protecteurs du logis ; 3. *Déloger sans trompette* : lever le camp vite et sans bruit (expression d'origine militaire) ; 4. Un bien vacant appartient au premier qui s'en empare. Or, la belette considère le terrier qu'elle a trouvé comme abandonné ; 5. Style indirect ; 6. *Octroi* : concession ; 7. *Coutume* : législation établie par l'usage.

QUESTIONS

● VERS 1-10. Quels termes amplifient le drame et donnent à ce début un ton emphatique ? — A quoi tient la poésie des vers 5-9 ?

● VERS 11-29. Jean Lapin est sûr de son bon droit (vers 11-15). A quoi le voyez-vous ? — Appréciez l'expression *La dame au nez pointu* (vers 16). — Montrez que la belette connaît l'art de la discussion. A quels autres plaideurs célèbres peut-elle faire songer ? — Le lapin sait-il se défendre (vers 25-29) ? Quels sont ses arguments ?

Le premier occupant, est-ce une loi plus sage?
30   — Or bien, sans crier davantage,
Rapportons-nous[1], dit-elle, à Raminagrobis[2]. »
C'était un Chat, vivant comme un dévot ermite,
     Un Chat faisant la chattemite[3],
Un saint homme de Chat, bien fourré[4], gros et gras,
35   Arbitre expert sur tous les cas.
     Jean Lapin pour juge l'agrée.
     Les voilà tous deux arrivés
     Devant sa majesté fourrée.
Grippeminaud[5] leur dit : « Mes enfants, approchez,
40 Approchez, je suis sourd, les ans en sont la cause. »
L'un et l'autre approcha, ne craignant nulle chose.
Aussitôt qu'à portée, il vit les contestants,
     Grippeminaud, le bon apôtre[6],
Jetant des deux côtés la griffe en même temps,
45 Mit les plaideurs d'accord en croquant l'un et l'autre.

Ceci ressemble fort aux débats qu'ont parfois
Les petits souverains se rapportant[7] aux rois.

---

1. Le pronom adverbial *en* n'est pas exprimé; 2. *Raminagrobis :* nom donné par Rabelais à un « vieil poëte françois »; Voiture en fait le « prince des chats »; 3. *Chattemitte :* hypocrite (mot vieux et burlesque); 4. Chez Rabelais, les « Chats fourrés » représentent les juges qui portent une fourrure d'hermine; 5. C'est, chez Rabelais, l'archiduc des Chats fourrés; 6. L'expression désigne ironiquement un bel hypocrite; 7. *Se rapporter à quelqu'un :* faire appel, s'en remettre à l'arbitrage de quelqu'un.

—————— **QUESTIONS** ——————

● Vers 30-45. Étudiez le portrait de Raminagrobis. Comment La Fontaine éveille-t-il notre méfiance (vers 32-35)? — Quelle intention traduit le changement de rythme entre les vers 39-41 et 42-45? — Étudiez l'harmonie imitative du vers 45.

● Vers 46-47. La moralité n'élargit-elle pas le domaine de la fable? Comparez la leçon donnée ici et dans *le Jardinier et son Seigneur* (IV, IV).

■ Sur l'ensemble de la fable XVI. — Quelle leçon, autre que la moralité, se dégage de ce récit? A quelles attitudes et à quelle catégorie de la société l'auteur s'attaque-t-il ici? Comparez à la moralité des *Voleurs et l'Ane* (I, XIII).

— Comment La Fontaine ménage-t-il l'intérêt du lecteur jusqu'au dénouement? Montrez que cependant le dénouement a été préparé.

— Étudiez l'accord réalisé entre les traits physiques des animaux et le caractère que leur prête le fabuliste.

XVIII. — UN ANIMAL DANS LA LUNE

Pendant qu'un philosophe[1] assure
Que toujours par leurs sens les hommes sont dupés,
  Un autre philosophe[2] jure
  Qu'ils ne nous ont jamais trompés.
5 Tous les deux ont raison; et la philosophie
Dit vrai quand elle dit que les sens tromperont
Tant que sur leur rapport[3] les hommes jugeront;
  Mais aussi, si l'on rectifie
L'image de l'objet sur[4] son éloignement,
10   Sur le milieu qui l'environne,
    Sur l'organe[5] et sur l'instrument[6],
  Les sens ne tromperont personne.

La Nature ordonna ces choses sagement :
J'en dirai quelque jour les raisons amplement[7].
15 J'aperçois le soleil : quelle en est la figure[8]?
Ici-bas ce grand corps n'a que trois pieds de tour;
Mais si je le voyais là-haut dans son séjour,
Que serait-ce à mes yeux que l'œil de la Nature[9]?
Sa distance me fait juger de sa grandeur;
20 Sur l'angle et les côtés ma main la détermine[10].
L'ignorant le croit plat : j'épaissis sa rondeur;

---

1. « C'est [...] Démocrite qui a fourni aux Pyrrhoniens tout ce qu'ils ont dit contre le témoignage des sens » (*Dictionnaire* de Bayle, article Démocrite); 2. Épicure ou Héraclite, que La Fontaine aurait opposé à Démocrite, comme Montaigne (*Essais*, I, L) : « Sur ce même fondement qu'avait Héraclitus, et cette sienne sentence, que toutes choses avaient entre elles des visages qu'on y trouvait, Démocritus en tirait une toute contraire conclusion, c'est que les sujets n'avaient du tout rien de ce que nous y trouvions. » De toute manière, il s'agit là d'un problème que la philosophie n'a cessé de débattre; 3. *Sur leur rapport :* sur les indications apportées par les sens; 4. *Sur :* d'après; 5. *Organe :* organe des sens; ici, l'œil; 6. L'appareil utilisé pour l'expérience (voir vers 43); 7. Tenté par la poésie philosophique, La Fontaine n'a cependant jamais tenu cette promesse; 8. *Figure :* forme et dimension; 9. Deux interprétations possibles : « Que serait le soleil, si ce n'est l'œil de la nature? » ou « Que serait le soleil, œil de la nature, vu de près? » La seconde semble plus satisfaisante; 10. Il s'agit de la mesure du diamètre du soleil par la trigonométrie, d'après les données d'un instrument qu'on manie.

─── **QUESTIONS** ───────────

Fable XVIII : **Un animal dans la lune.**

SOURCE : *l'Éléphant dans la lune* (poème satirique de l'Anglais Butler, dirigé contre la Société royale de Londres).

● VERS 1-14. Quelles théories philosophiques concernant la perception extérieure La Fontaine vise-t-il? Comment les concilie-t-il? Montrez qu'il annonce clairement le thème général de la fable.

Je le rends immobile, et la terre chemine.
Bref, je démens mes yeux en toute sa machine[1] :
Ce sens ne me nuit point par son illusion.
25   Mon âme, en toute occasion,
Développe[2] le vrai caché sous l'apparence;
      Je ne suis point d'intelligence[3]
Avecque mes regards, peut-être un peu trop prompts,
Ni mon oreille, lente à m'apporter les sons.
30 Quand l'eau courbe un bâton[4], ma raison le redresse :
      La raison décide en maîtresse.
      Mes yeux, moyennant ce secours,
Ne me trompent jamais en me mentant toujours.
Si je crois leur rapport, erreur assez commune,
35 Une tête de femme est au[5] corps de la lune.
Y peut-elle être? Non. D'où vient donc cet objet[6]?
Quelques lieux inégaux font de loin cet effet.
La lune nulle part n'a sa surface unie :
Montueuse en des lieux, en d'autres aplanie,
40 L'ombre avec la lumière y peut tracer souvent
      Un homme, un bœuf, un éléphant.
Naguère l'Angleterre y vit chose pareille.
La lunette placée, un animal nouveau[7]
      Parut[8] dans cet astre si beau;
45   Et chacun de crier merveille.
Il était arrivé là-haut un changement
Qui présageait sans doute un grand événement.
Savait-on si la guerre[9] entre tant de puissances
N'en était point l'effet? Le Monarque[10] accourut :
50 Il favorise en roi ces hautes connaissances.

---

1. *En toute sa machine* : à propos du système constitué par la terre ou par le soleil (le sens final est le même); 2. *Développer* : dévoiler, mettre au jour; 3. *Etre d'intelligence avec* : être d'accord avec; 4. Par réfraction; 5. La préposition *à* s'emploie au sens de « dans »; 6. *Objet* : ce qui se représente à notre imagination, image; 7. *Nouveau* : extraordinaire; 8. *Paraître* : apparaître (voir vers 51); 9. Il s'agit de la guerre de Hollande, commencée en 1672; 10. Charles II, fondateur d'une académie savante, la Société royale de Londres.

─────── **QUESTIONS** ───────

● Vers 15-41. Par quels exemples La Fontaine rend-il son exposé clair?
Étudiez l'alliance du concret et de l'abstrait, et le ton didactique du
passage.
● Vers 42-53. L'ironie de La Fontaine touchant les conclusions hâtives :
indiquez les procédés de cette ironie. — L'emploi du style indirect
libre (vers 46-49) réussit-il à traduire l'émoi des astronomes?

Le monstre dans la lune à son tour lui parut.
C'était une souris cachée entre les verres :
Dans la lunette était la source de ces guerres.
On en rit. Peuple heureux! quand pourront les François
55 Se donner, comme vous, entiers à ces emplois[1]?
Mars nous fait recueillir d'amples moissons de gloire :
C'est à nos ennemis de craindre les combats,
A nous de les chercher, certains que la Victoire,
Amante de Louis, suivra partout ses pas.
60 Ses lauriers nous rendront célèbres dans l'histoire.
        Même les Filles de Mémoire[2]
Ne nous ont point quittés; nous goûtons des plaisirs :
La paix fait nos souhaits, et non point nos soupirs.
Charles[3] en sait jouir : il saurait dans la guerre
65 Signaler sa valeur, et mener l'Angleterre
A ces jeux qu'en repos elle voit aujourd'hui.
Cependant, s'il pouvait apaiser la querelle[4],
Que d'encens! est-il rien de plus digne de lui?
La carrière d'Auguste[5] a-t-elle été moins belle
70 Que les fameux exploits du premier des Césars[6]?
O peuple trop heureux! quand la paix viendra-t-elle
Nous rendre, comme vous, tout entiers aux beaux-arts?

---

1. Tout le passage exprime la lassitude de l'opinion devant la guerre de Hollande, qui s'éternise, et constitue un appel à la paix; 2. Les Muses; 3. Charles II a rompu son alliance avec Louis XIV et signé une paix séparée avec la Hollande (février 1674); 4. La France et la Hollande ont accepté la médiation du roi d'Angleterre; 5. Auguste a restauré la paix après les guerres civiles; 6. Jules César symbolise la guerre et la conquête.

─────── **QUESTIONS** ───────

● Vers 54-72. L'art de la transition (vers 54-55). Comment La Fontaine passe-t-il d'un problème philosophique aux préoccupations nationales des Français? — L'éloge de Louis XIV ne semble-t-il pas inspiré par la prudence (vers 56-63)? — Que désire exactement La Fontaine? Quels sentiments pouvons-nous deviner en lui? Quel lien logique peut-on établir entre l'éloge de Charles II et celui de Louis XIV?

■ Sur l'ensemble de la fable XVIII. — Combien de parties peut-on distinguer dans ce passage? Lesquelles?

— Le ton de cette fable est-il analogue à celui que nous connaissons d'ordinaire? Montrez l'habileté et l'aisance de La Fontaine à traiter les deux sujets qu'il aborde.

— En quoi ce passage, quoique en partie philosophique, peut-il tout de même appartenir au genre de la fable?

LIVRE HUITIÈME

I — LA MORT ET LE MOURANT

La Mort ne surprend[1] point le sage;
Il est toujours prêt à partir,
S'étant su lui-même avertir
Du temps où l'on se doit résoudre à ce passage.
5   Ce temps, hélas! embrasse tous les temps :
Qu'on le partage en jours, en heures, en moments[2],
    Il n'en est point qu'il ne comprenne
Dans le fatal tribut; tous sont de son domaine;
Et le premier instant où les enfants des rois
10   Ouvrent les yeux à la lumière
     Est celui qui vient quelquefois
     Fermer pour toujours leur paupière[3].
     Défendez-vous par la grandeur,
Alléguez la beauté, la vertu, la jeunesse :
15   La Mort ravit tout sans pudeur ;
Un jour le monde entier accroîtra sa richesse.
     Il n'est rien de moins ignoré;
     Et puisqu'il faut que je le die[4],
     Rien où l'on soit moins préparé[5].

20 Un Mourant, qui comptait plus de cent ans de vie,

---

1. *Surprendre :* prendre au dépourvu; 2. *Moment :* instant; 3. Allusion probable à la mort du petit duc d'Anjou, fils du roi, mort quelques jours après sa naissance; 4. Subjonctif archaïque; 5. Rapprochez de Bossuet, *Sermon sur la mort.*

QUESTIONS

Fable I : **la Mort et le Mourant.**

SOURCE : *Le Vieillard qui voulait remettre sa mort à plus tard.* — Un vieillard demandait à la mort, qui était venue pour l'arracher à cette terre, de différer un peu jusqu'à ce qu'il eût dressé son testament et qu'il eût fait tous ses préparatifs pour un si long voyage. Alors la mort : « Pourquoi ne les as-tu pas faits, toi que j'ai tant de fois averti? » Et comme le vieillard disait qu'il ne l'avait jamais vue, elle ajouta : « Quand j'emportais jour par jour non seulement tes contemporains, dont pas un presque ne survit, mais encore des hommes dans la force de l'âge, des enfants, des nourrissons, ne t'avertissais-je pas que tu étais mortel? Quand ta vue s'émousser, ton ouïe s'affaiblir, tes autres sens baisser, ton corps s'alourdir, ne te disais-je pas que j'approchais? et tu prétends que je ne t'ai pas averti? Allons, il ne faut pas tarder davantage. » Cette fable apprend qu'il convient de vivre comme si nous voyions la mort devant nous (Abstémius, fable XCIX).

Se plaignait à la Mort que précipitamment
Elle le contraignait¹ de partir tout à l'heure²,
      Sans qu'il eût fait son testament,
Sans l'avertir au moins. « Est-il juste qu'on meure
25 Au pied levé³? dit-il : attendez quelque peu;
Ma femme ne veut pas que je parte sans elle⁴;
Il me reste à pourvoir un arrière-neveu⁵;
Souffrez qu'à mon logis j'ajoute encore une aile.
Que vous êtes pressante, ô Déesse cruelle!
30 — Vieillard, lui dit la Mort, je ne t'ai point surpris;
Tu te plains sans raison de mon impatience :
Eh! n'as-tu pas cent ans? Trouve-moi dans Paris
Deux mortels aussi vieux; trouve-m'en dix en France.
Je devais⁶, ce dis-tu, te donner quelque avis
35   Qui te disposât à la chose :
J'aurais trouvé ton testament tout fait,
Ton petit-fils pourvu, ton bâtiment parfait⁷.
Ne te donna-t-on pas des avis, quand la cause
      Du marcher et du mouvement,
40   Quand les esprits⁸, le sentiment⁹,
Quand tout faillit¹⁰ en toi? Plus de goût, plus d'ouïe;
Toute chose pour toi semble être évanouie;
Pour toi l'astre du jour prend des soins superflus;
Tu regrettes des biens qui ne te touchent plus.
45   Je t'ai fait voir tes camarades
      Ou morts, ou mourants, ou malades :

---

1. Indicatif destiné à donner « un caractère positif à l'objet de la volonté » (Haase, 75), au lieu du subjonctif obligatoire actuellement; 2. *Tout à l'heure* : sur-le-champ; 3. *Au pied levé* : à l'improviste; 4. Voir *la Jeune Veuve* (VI, XXI, vers 17); 5. Établir un arrière-petit-fils; 6. J'aurais dû; 7. *Parfait* : achevé; 8. *Esprits* : les esprits animaux, principes de la vie et du mouvement; 9. *Le sentiment* : les sensations; 10. *Faillir* : manquer.

━━━ QUESTIONS ━━━

● VERS 1-19. Quelles sont les idées de La Fontaine sur la mort? Comment le poète a-t-il réussi à donner un ton personnel à ce lieu commun (lyrisme, éloquence, choix des expressions)?

● VERS 20-29. Les vers 20-24 ne peignent-ils pas suffisamment la situation? Étudiez le choix des mots. — Dans quel ordre et sur quel ton le vieillard présente-t-il ses arguments (vers 24-29)? Ces raisons sont-elles valables? Quels sentiments trahit le ton de ces paroles? Comment le rythme les met-il en valeur?

● VERS 30-50. Le langage de la Mort ne contraste-t-il pas avec celui du vieillard? Montrez la logique de sa réponse. — Que signifient les vers 38-44? — Que marque le mètre des vers 48-50?

Qu'est-ce que tout cela qu'[1]un avertissement?
     Allons, vieillard, et sans réplique.
     Il n'importe à la République[2]
50   Que tu fasses ton testament. »

La Mort avait raison. Je voudrais qu'à cet âge
On sortît de la vie[3] ainsi que d'un banquet,
Remerciant son hôte, et qu'on fît son paquet;
Car de combien peut-on retarder le voyage?
55 Tu murmures, vieillard[4]! vois ces jeunes[4] mourir,
     Vois-les marcher, vois-les courir
A des morts, il est vrai, glorieuses et belles,
Mais sûres cependant, et quelquefois cruelles.
J'ai beau te le crier; mon zèle est indiscret[5] :
60 Le plus semblable aux morts meurt le plus à regret.

II — LE SAVETIER ET LE FINANCIER

Un savetier chantait du matin jusqu'au soir;
     C'était merveilles[6] de le voir,
Merveilles de l'ouïr; il faisait des passages[7],
     Plus content qu'aucun des Sept Sages[8].
5 Son voisin, au contraire, étant tout cousu d'or[9],
     Chantait peu, dormait moins encor;
     C'était un homme de finance[10].
Si, sur le point du jour, parfois il sommeillait,
Le Savetier alors en chantant l'éveillait;

1. *Que* : sinon; 2. *République* : État; 3. Tout le passage est inspiré de Lucrèce (III, 931-965); 4. Allusion à la guerre de Hollande et à ses épisodes meurtriers; 5. *Indiscret* : déplacé, donc inutile; 6. Pluriel archaïque; 7. *Passage* : roulade, roulement de voix qui se fait en passant d'une note à l'autre; 8. Les *Sept Sages* de la Grèce; 9. Expression populaire tirée sans doute de l'habitude qu'ont les avares de coudre leur or dans la doublure de leurs vêtements. Ici, très riche; 10. Un banquier, un partisan.

──────── QUESTIONS ────────

● VERS 51-60. Que nous apprennent les réflexions finales sur la sagesse de La Fontaine? — Quels procédés donnent une allure dramatique et vivante aux vers 55-60?

■ SUR L'ENSEMBLE DE LA FABLE I. — La construction de cette fable est-elle originale? En quoi?

— Peut-on rapprocher cette fable, par son ton de méditation, d'autres passages du XVIe ou du XVIIe siècle sur la mort?

— Pourquoi cette fable ne comporte-t-elle pas de moralité? Peut-on en trouver une? Dégagez la sagesse de La Fontaine devant la mort d'après cette fable? Rapprochez son épicurisme de celui d'Horace (*Epîtres*, I, VII) et de Lucrèce (*De natura rerum*, III, 938).

10   Et le Financier se plaignait
         Que les soins de la Providence
N'eussent pas au marché fait vendre le dormir[1],
         Comme le manger et le boire.
         En son hôtel il fait venir
15 Le chanteur, et lui dit : « Or çà[2], sire[3] Grégoire,
Que gagnez-vous par an? — Par an? Ma foi, Monsieur,
         Dit, avec un ton de rieur[4],
Le gaillard[5] Savetier, ce n'est point ma manière
De compter de la sorte; et je n'entasse guère
20   Un jour sur l'autre[6] : il suffit qu'à la fin
         J'attrape le bout de l'année;
         Chaque jour amène son pain.
— Eh bien! que gagnez-vous, dites-moi, par journée?
— Tantôt plus, tantôt moins : le mal est que toujours
25 (Et sans cela nos gains seraient assez honnêtes[7]),
Le mal est que dans l'an s'entremêlent des jours

---

1. Infinitif substantivé; 2. Eh bien!; 3. Emploi familier devant un prénom roturier; 4. Prononcer *rieux*; 5. *Gaillard* : joyeux; 6. D'un jour à l'autre (*entasser* est ici intransitif); 7. *Honnêtes* : satisfaisants.

QUESTIONS

Fable II : le Savetier et le Financier.

SOURCES : 1° Horace, *Épîtres*, I, VII, 46-95 (histoire de Vultéius Ména et du riche avocat Philippe);

2° *Du savetier Blondeau, qui ne fut onc en sa vie mélancolié que deux fois et comment il y pourvut.* — Gagnant sa vie joyeusement, [...] tout le long du jour il chantait et réjouissait tout le voisiné. Il ne fut onc vu en sa vie marri que deux fois : l'une, quand il eut trouvé en une vieille muraille un pot de fer auquel y avait grande quantité de pièces antiques de monnaie, [...] desquelles il ne savait la valeur. Lors, il commença de devenir pensif. Il ne chantait plus [...]. Tantôt il craignait de n'avoir pas bien caché ce pot et qu'on le lui dérobât. A toute heure, il partait de sa tente [échoppe] pour l'aller remuer [...] mais à la fin il se vint à reconnaître [revint à lui], disant en soi-même : « Comment! je ne fais que penser en mon pot! [...] Il me porte malheur. » En effet, il le va prendre gentiment et le jette en la rivière et noya toute sa mélancolie avec ce pot. (Bonaventure DES PÉRIERS, nouvelle XIX.)

● VERS 1-13. De quels procédés (rythme en particulier) naît le contraste entre le savetier et le financier? — Étudiez la place du vers 7 dans le portrait du financier. — Quel est l'intérêt de la précision *sur le point du jour* et *il sommeillait* au vers 8? — Le financier a-t-il raison de se plaindre de la Providence (vers 10-13)?

● VERS 14-33. La vie du dialogue. Comment les paroles du savetier traduisent-elles le tempérament populaire? — La conception du bonheur est-elle la même chez les deux personnages? — Montrez que La Fontaine se fait l'écho des préoccupations de son temps (vers 26-29). — En quoi consiste, pour le financier, la *naïveté* du savetier (vers 30)?

Qu'il faut chômer; on nous ruine en fêtes;
L'une fait tort à l'autre; et Monsieur le curé
De quelque nouveau saint charge toujours son prône[1]. »
30 Le Financier, riant de sa naïveté[2],
Lui dit : « Je vous veux mettre aujourd'hui sur le trône.
Prenez ces cent écus[3]; gardez-les avec soin,
  Pour vous en servir au besoin. »
Le Savetier crut voir tout l'argent que la terre
35   Avait, depuis plus de cent ans,
  Produit pour l'usage des gens.
Il retourne chez lui; dans sa cave il enserre[4]
  L'argent et sa joie à la fois.
  Plus de chant : il perdit la voix,
40 Du moment qu'il gagna ce qui cause nos peines.
  Le sommeil quitta son logis;
  Il eut pour hôtes les soucis,
  Les soupçons, les alarmes vaines,
Tout le jour, il avait l'œil au guet; et la nuit,
45   Si quelque chat faisait du bruit,
Le chat prenait l'argent[5]. A la fin le pauvre homme
S'en courut chez celui qu'il ne réveillait plus :
« Rendez-moi, lui dit-il, mes chansons et mon somme,
  Et reprenez vos cent écus. »

———————

1. *Prône* : allocution au cours de laquelle, le dimanche, le curé annonce les fêtes de la semaine « qu'il faut chômer ». Il y en eut, sans compter les dimanches, cinquante-cinq jusqu'en 1666, date à laquelle Louis XIV en fit supprimer dix-sept; **2.** *Naïveté* : naturel; **3.** Une grosse somme : environ 300 francs-or; **4.** *Enserrer* : enfermer; **5.** Style indirect, libre.

——————— **QUESTIONS** ———————

● Vers 34-49. Certains procédés métriques soulignent l'angoisse du savetier. Lesquels? — Récit et style indirect se mêlent (vers 43-46). Pourquoi? — Ne peut-on rapprocher d'Harpagon le savetier devenu riche? — Le vers final est très bref. Quel effet produit-il?

■ Sur l'ensemble de la fable II. — Montrez que cette fable est une comédie en même temps qu'un récit moral.

— La vivacité allègre de ce récit; montrez que l'absence de moralité accentue ce caractère. La vérité du dialogue et la justesse de réaction des personnages.

— Les mœurs de la ville d'après *le Savetier et le Financier*.

— Quelle idée maîtresse de la sagesse de La Fontaine exprime cette fable?

« *Prenez ces cent écus, gardez-les avec soin...* »

LE SAVETIER ET LE FINANCIER
par Gustave Doré (1833-1883).

Phot. Larousse.

VI. — LES FEMMES ET LE SECRET

Rien ne pèse tant qu'un secret :
Le porter loin est difficile aux dames;
Et je sais même sur ce fait
Bon nombre d'hommes qui sont femmes.

5 Pour éprouver la sienne un mari s'écria,
La nuit, étant près d'elle : « O Dieux! qu'est-ce cela?
Je n'en puis plus! on me déchire!
Quoi? j'accouche d'un œuf! — D'un œuf? — Oui, le voilà,
Frais et nouveau pondu. Gardez bien[1] de le dire :
10 On m'appellerait poule; enfin n'en parlez pas. »
La femme, neuve sur ce cas,
Ainsi que sur mainte autre affaire,
Crut la chose, et promit ses grands dieux[2] de se taire.

_____

1. Absence du pronom _vous;_ 2. Jura ses grands dieux.

———— ● QUESTIONS ————

Fable VI : **les Femmes et le Secret.**

Source : _L'Homme qui disait à sa Femme qu'il avait pondu un œuf._ — Voulant voir si sa femme pouvait garder un secret, un homme dit à sa femme : « Femme, il m'est arrivé cette nuit un grand miracle (il lui disait cela tandis qu'il était couché à côté d'elle) que je te conterais, si je pensais que tu ne le divulgueras pas. Mais je n'ose pas; l'on me dit que les femmes sont pleines de fentes et qu'elles perdent de tous côtés. » A quoi la femme répondit : « Tu ne me connais pas, pour me juger d'après les autres. Je supporterais la mort plutôt que de rapporter quelque chose contre ta volonté. » Et elle appuyait ses propos d'un serment. Le mari alors, comme confiant dans ses paroles : « J'ai pondu, dit-il, cet œuf (en allant se coucher en effet il avait apporté l'œuf avec lui). Mais prends garde, si tu m'aimes, à ne dire cela à personne. Tu sais bien quelle honte ce serait pour moi, si l'on disait que j'ai été changé d'homme en poule. » La femme trouva que la nuit s'écoulait bien lentement. A peine l'aurore eut-elle brillé, qu'elle joint sa commère et lui conte que son mari a pondu deux œufs. Et la commère conte à une autre femme que son compère est accouché de trois œufs. Bref, avant le coucher du soleil, il se publiait par toute la ville que l'homme avait pondu quarante œufs. — La fable montre qu'il ne faut confier à aucune femme ce que nous voulons taire (Abstémius, fable CXXIX).

● Vers 1-4. La malice du conteur : à la plaisanterie traditionnelle sur les femmes, La Fontaine n'ajoute-t-il pas un trait inattendu au vers 4?

● Vers 5-15. L'art de la comédie chez le mari : le rythme brisé des vers 6-8 n'évoque-t-il pas souffrance et surprise? Comment nous est, dès le début, présentée la femme? Quelle est l'utilité de cette remarque?

Mais ce serment s'évanouit
15   Avec les ombres de la nuit.
L'épouse, indiscrète et peu fine,
Sort du lit quand le jour fut à peine levé;
Et de courir chez sa voisine.
« Ma commère, dit-elle, un cas[1] est arrivé;
20 N'en dites rien surtout, car vous me feriez battre :
Mon mari vient de pondre un œuf gros comme quatre.
Au nom de Dieu, gardez-vous bien
D'aller publier ce mystère.
— Vous moquez-vous? dit l'autre : ah! vous ne savez guère
25   Quelle[2] je suis. Allez, ne craignez rien. »
La femme du pondeur[3] s'en retourne chez elle.
L'autre grille déjà de conter la nouvelle;
Elle va la répandre en plus de dix endroits;
Au lieu d'un œuf, elle en dit trois.
30 Ce n'est pas encor tout; car une autre commère
En dit quatre, et raconte à l'oreille le fait :
Précaution peu nécessaire,
Car ce n'était plus un secret.
Comme le nombre d'œufs, grâce à la renommée,
35   De bouche en bouche allait croissant[4],
Avant la fin de la journée
Ils se montaient à plus d'un cent.

---

1. *Cas :* événement extraordinaire; 2. De quelle nature; 3. Mot créé par La Fontaine; 4. Tournure qui insiste sur le développement et la progression de l'action.

─────── **QUESTIONS** ───────

● VERS 16-37. Comment La Fontaine souligne-t-il la naïveté de l'épouse? — Les femmes : étudiez la malice de l'auteur dans la peinture de la psychologie féminine; le récit haletant de l'épouse; les voisines et leur bavardage. — Notez le pittoresque de l'expression *La femme du pondeur* (vers 26). — Étudiez le mouvement ascendant des vers 28-37 en insistant notamment sur le trait final. Montrez que ce dernier est particulièrement mis en valeur par le rythme des quatre derniers vers.

■ SUR L'ENSEMBLE DE LA FABLE VI. — La verve de La Fontaine dans ce récit. L'art du dialogue : vraisemblance du comportement des personnages; ton et mimique rendus par le rythme.

— Cette fable ne peut-elle pas faire songer à un fabliau? Pourquoi? A quoi tient cependant la finesse de ce texte?

IX. — LE RAT ET L'HUÎTRE

Un Rat, hôte d'un champ, rat de peu de cervelle,
Des lares[1] paternels un jour se trouva sou[2],
Il laisse là le champ, le grain et la javelle[3],
Va courir le pays, abandonne son trou.
5   Sitôt qu'il fut hors de la case[4] :
« Que le monde, dit-il, est grand et spacieux !
Voilà les Apennins, et voici le Caucase. »
La moindre taupinée[5] était mont à ses yeux.
Au bout de quelques jours, le voyageur arrive
10 En un certain canton[6] où Téthys[7] sur la rive
Avait laissé mainte huître; et notre Rat d'abord
Crut voir, en les voyant, des vaisseaux de haut bord[8].
« Certes, dit-il, mon père était un pauvre sire :
Il n'osait voyager, craintif au dernier point.
15 Pour moi, j'ai déjà vu le maritime empire;
J'ai passé les déserts, mais nous n'y bûmes point[9]. »
D'un certain magister[10] le Rat tenait ces choses,
      Et les disait à travers champs[11],
N'étant point de ces rats qui, les livres rongeants,
20   Se font savants jusques aux dents[12].

---

1. *Lares* : dieux domestiques chez les Romains; puis le foyer lui-même; 2. *Sou* (licence orthographique à la rime pour *soûl*) : rassasié, fatigué; 3. *Javelle* : poignée d'épis qu'on laisse sécher sur le sol avant de les mettre en gerbe; 4. *Case* : humble maison, cabane; 5. *Taupinée* : taupinière; 6. *Canton* : coin retiré. 7. *Téthys* : déesse de la Mer, puis la mer elle-même; 8. *Vaisseau de haut bord* : grand bâtiment à voiles, dont les ponts étaient surélevés; 9. Le rat cite de manière inexacte un mot de Picrochole (Rabelais, *Gargantua*, XXXIII : « Mais nous ne bûmes point frais »); 10. *Magister* : maître d'école de village; 11. *A travers champs* : à tort et à travers; 12. Voir Rabelais, V, XLV : « Jadis un antique prophète de la nation judaïque mangea un livre, et fut clerc *jusques aux dents.* » Rabelais ironise sur l'expression et laisse entendre que cette science ne va pas plus loin que les dents. La Fontaine reprend l'expression dans le sens de « savant à l'extrême », pour affirmer d'ailleurs que son rat ne l'est pas.

QUESTIONS

Fable IX : le Rat et l'Huître.

SOURCE : *Anthologie palatine*, IX, 86.

● VERS 1-20. Comment le rythme traduit-il l'enthousiasme du rat pour l'aventure? — La vision de la campagne (vers 3 et 8). — Quel rôle joue le style noble au vers 10? — Comment La Fontaine explique-t-il malicieusement la culture du jeune rat? — Faites le portrait moral du jeune rat. N'était-il pas déjà inclus dans le premier vers?

Parmi tant d'huîtres toutes closes
Une s'était ouverte; et, bâillant au soleil,
Par un doux zéphir réjouie,
Humait l'air, respirait, était épanouie,
25 Blanche, grasse, et d'un goût, à la voir, nompareil[1].
D'aussi loin que le Rat voit cette Huître qui bâille :
« Qu'aperçois-je? dit-il; c'est quelque victuaille
Et, si je ne me trompe à la couleur du mets,
Je dois faire aujourd'hui bonne chère, ou jamais. »
30 Là-dessus, maître Rat, plein de belle espérance,
Approche de l'écaille, allonge un peu le cou,
Se sent pris comme aux lacs[2]; car l'Huître tout d'un coup
Se referme : et voilà ce que fait l'ignorance.

Cette fable contient plus d'un enseignement :
35   Nous y voyons premièrement
Que ceux qui n'ont du monde aucune expérience
Sont, aux moindres objets[3], frappés d'étonnement;
      Et puis nous y pouvons apprendre
      Que tel est pris qui croyait prendre.

---

1. *Nompareil* (s'écrivait en un seul mot, d'où la graphie *m*) : sans pareil; **2.** *Lacs* : nœud coulant pour prendre du gibier; **3.** *Objet* : spectacle (ce qui frappe la vue).

─────── **QUESTIONS** ───────

● Vers 21-33. Le portrait de l'huître qui bâille. Étudiez-en les coupes, les sonorités. Comment devinons-nous, sous les mots de La Fontaine, le bonheur de l'huître au soleil et le regard plein de convoitise du rat (vers 21-25)? — Le rat est jeune : à quoi le voyons-nous (vers 26-29)? — Étudiez l'art du croquis au vers 31. Comment le rythme, l'enjambement et même les sonorités soulignent-ils la brutalité du dénouement? Le contraste avec les deux vers précédents n'en est-il pas accentué?

● Vers 34-39. La moralité est double. Quelle partie est la plus intéressante? D'autres fables ne concluent-elles pas sur la même idée (voir IV, xi, en particulier)? Regrettez-vous le ton particulièrement prosaïque donné à la morale?

■ Sur l'ensemble de la fable IX. — Montrez que le rat de cette fable ressemble au souriceau du livre VI, fable v. En quoi cependant les deux fables diffèrent-elles?

— La fable trahit la culture littéraire de l'auteur. Relevez-en des preuves. Montrez qu'il s'amuse en faisant deux citations du même auteur, dont l'une est volontairement inexacte.

— L'art du conteur, son ton alerte d'après cette fable.

X. — L'OURS ET L'AMATEUR DES JARDINS

Certain Ours montagnard, Ours à demi léché[1],
Confiné par le Sort dans un bois solitaire,
Nouveau Bellérophon[2] vivait seul et caché.
Il fût devenu fou : la raison d'ordinaire
5 N'habite pas longtemps chez les gens séquestrés.
Il est bon de parler et meilleur de se taire;
Mais tous deux sont mauvais alors qu'ils sont outrés.
　　　　Nul animal n'avait affaire
　　　　Dans les lieux que l'Ours habitait :
10　　　Si bien que tout ours qu'il était,
Il vint à s'ennuyer de cette triste vie.
Pendant qu'il se livrait à la mélancolie,
　　　　Non loin de là certain Vieillard
　　　　S'ennuyait aussi de sa part[3].

---

1. Selon la croyance populaire, les ourses lèchent leurs petits pour les façonner, les dégrossir. Expression employée ici au sens figuré; 2. *Bellérophon*, haï des dieux, « errait seul dans la plaine d'Aléion, rongeant son âme, évitant les traces des hommes » (*l'Iliade*, VI, 200-202); 3. *De sa part :* de son côté.

--- **QUESTIONS** ---

Fable X : **l'Ours et l'Amateur des jardins.**

SOURCE : *D'un Jardinier et d'un Ours.* — Il y avait autrefois un jardinier qui aimait tant les jardinages qu'il s'éloigna de la compagnie des hommes pour se donner tout entier au soin de cultiver les plantes. Il n'avait ni femme ni enfants, et depuis le matin jusqu'au soir il ne faisait que travailler dans son jardin, qu'il rendit aussi beau que le paradis terrestre. A la fin, le bonhomme s'ennuya d'être seul dans sa solitude. Il prit la résolution de sortir de son jardin pour chercher compagnie. En se promenant au pied d'une montagne, il aperçut un ours dont les regards causaient de l'effroi. Cet animal s'était aussi ennuyé d'être seul et n'était descendu de la montagne que pour voir s'il ne rencontrerait point quelqu'un avec qui il pût faire société. Aussitôt qu'ils se virent, ils sentirent de l'amitié l'un pour l'autre. Le jardinier aborda l'ours qui lui fit une profonde révérence. Après quelques civilités, le jardinier fit signe à l'ours de le suivre et, l'ayant mené dans son jardin, lui donna de fort beaux fruits qu'il avait conservés soigneusement, et enfin il se lia entre eux une étroite amitié. Quand le jardinier était las de travailler, et qu'il voulait se reposer, l'ours par affection demeurait auprès de lui et chassait les mouches de peur qu'elles ne l'éveillassent. Un jour que le jardinier dormait au pied d'un arbre et que l'ours selon sa coutume écartait les mouches, il en vint une de fort beaux sur la bouche du jardinier, et quand l'ours la chassait d'un côté, elle se remettait de l'autre, ce qui le mit dans une si grande colère qu'il prit une grosse pierre pour la tuer. Il la tua à la vérité, mais en même temps il écrasa la tête du jardinier. C'est à cause de cela que les gens d'esprit disent qu'il vaut mieux avoir un sage ennemi qu'un ami ignorant (Pilpay, *le Livre des Lumières*).

● VERS 1-11. Comment La Fontaine, en jouant sur le mot *Ours*, fait-il le portrait de la bête? — L'ours n'est-il qu'un lourdaud?

Parmi tant d'huîtres toutes closes
Une s'était ouverte...

« Je dois faire aujourd'hui bonne chère, ou jamais. »

... l'Huître tout d'un coup
Se referme

Le Rat et l'Huître, par Benjamin Rabier.

15 Il aimait les jardins, était prêtre de Flore;
      Il l'était de Pomone[1] encore.
Ces deux emplois sont beaux; mais je voudrais parmi[2]
      Quelque doux et discret ami :
Les jardins parlent peu, si ce n'est dans mon livre.
20   De façon que, lassé de vivre
Avec des gens muets[3], notre homme, un beau matin,
Va chercher compagnie, et se met en campagne[4].
      L'Ours, porté d'un même dessein,
      Venait de quitter sa montagne.
25   Tous deux, par un cas[5] surprenant,
      Se rencontrent en un tournant.
L'Homme eut peur; mais comment esquiver? et que faire?
Se tirer en Gascon[6] d'une semblable affaire
Est le mieux : il sut donc dissimuler sa peur.
30 L'Ours, très mauvais complimenteur,
Lui dit : « Viens-t'en me voir. » L'autre reprit : « Seigneur,
Vous voyez mon logis; si vous me vouliez faire
Tant[7] d'honneur que d'y prendre un champêtre repas,
J'ai des fruits, j'ai du lait : ce n'est peut-être pas
35 De Nosseigneurs les Ours le manger ordinaire;
Mais j'offre ce que j'ai. » L'Ours l'accepte; et d'aller.
Les voilà bons amis avant que d'arriver;
Arrivés, les voilà se trouvant bien ensemble;
      Et, bien qu'on soit, à ce qu'il semble,
40   Beaucoup mieux seul qu'avec des sots,
Comme l'Ours en un jour ne disait pas deux mots,

---

1. *Flore* : déesse des Fleurs; *Pomone* : déesse des Fruits; 2. *Parmi* : adverbe; 3. Ces *gens muets* sont les arbres et les arbustes du jardin; 4. *Se mettre en campagne* : se mettre en mouvement; 5. *Cas* : hasard; 6. Expression expliquée par le vers 29; 7. *Tant... que de* : assez... pour.

QUESTIONS

● VERS 12-22. Le portrait du vieillard est parallèle à celui de l'ours. Montrez-le. — Que devinons-nous des idées de La Fontaine sur la solitude et sur l'amitié?

● VERS 23-42. Quels détails rendent la rencontre des deux personnages moins invraisemblable? — Étudiez la vérité psychologique du dialogue (vers 31-36). Comment La Fontaine nous fait-il sentir la peur du vieillard dans ses paroles? — Comment faut-il expliquer la soudaineté de l'amitié entre l'homme et la bête (vers 36-38)? Relevez les tournures elliptiques et montrez qu'elles contribuent à la vivacité du style et qu'elles reflètent l'attitude du protagoniste.

L'Homme pouvait sans bruit vaquer à son ouvrage.
L'Ours allait à la chasse, apportait du gibier,
      Faisait son principal métier
45 D'être bon émoucheur[1], écartait du visage
De son ami dormant ce parasite ailé
      Que nous avons mouche appelé.
Un jour que le Vieillard dormait d'un profond somme,
Sur le bout de son nez une allant se placer,
50 Mit l'Ours au désespoir ; il eut beau la chasser.
« Je t'attraperai bien, dit-il ; et voici comme[2]. »
Aussitôt fait que dit : le fidèle émoucheur
Vous[3] empoigne un pavé, le lance avec roideur,
Casse la tête à l'Homme en écrasant la mouche,
55 Et, non moins bon archer[4] que mauvais raisonneur,
Roide mort étendu sur la place il le couche.

    Rien n'est si dangereux qu'un ignorant ami ;
      Mieux vaudrait un sage[5] ennemi.

---

1. *Emoucheur* : qui chasse les mouches. Ce mot ne se trouve pas dans d'autres textes en ce sens, mais il se peut qu'il ait existé dans le langage populaire ; *moucheur* était en tout cas un mot courant (moucheur de chandelles) ; **2.** *Comme* : comment ; **3.** Explétif ; **4.** Les archers et les frondeurs faisaient partie des troupes à pied ; ici, La Fontaine emploie *archer* au sens de « tireur » ; **5.** *Sage* : sensé.

————— QUESTIONS —————

● Vers 43-56. Comment La Fontaine, aux vers 44-45, prépare-t-il le dénouement de la fable ? — Quel intérêt offrent les trois enjambements successifs des vers 44 à 47 ? — Étudiez l'humour de la périphrase des vers 46-47. — Rythme et sonorités des vers 52-56 ne témoignent-ils pas, en même temps que du drame de la fin, de la sotte obstination de l'ours ? En utilisant la note 4, montrez la valeur suggestive, et par conséquent poétique, du mot *archer* (vers 55). Étudiez l'ordre des mots au vers 56.

● Vers 57-58. En quoi la moralité prouve-t-elle la prudence de La Fontaine ? Qu'entend-il par « sage » ennemi ?

■ Sur l'ensemble de la fable X. — Étudiez la façon dont s'exprime ici le sentiment de la nature.

— Montrez, d'après ce texte, l'équilibre des goûts de La Fontaine. Est-ce de la part de ce dernier un idéal facile ?

— Cette fable est-elle un éloge de la solitude ou de l'amitié ?

XI. — LES DEUX AMIS

Deux vrais Amis vivaient au Monomotapa[1] :
L'un ne possédait rien qui n'appartînt à l'autre.
    Les amis de ce pays-là
    Valent bien, dit-on, ceux du nôtre.

5 Une nuit que chacun s'occupait[2] au sommeil,
Et mettait à profit l'absence du soleil,
Un de nos deux Amis sort du lit en alarme;
Il court chez son intime, éveille les valets :
Morphée[3] avait touché le seuil de ce palais.
10 L'Ami couché s'étonne; il prend sa bourse, il s'arme,
Vient trouver l'autre et dit : « Il vous arrive peu
De courir quand on dort[4]; vous me paraissiez homme
A mieux user du temps destiné pour le somme :
N'auriez-vous point perdu tout votre argent au jeu?
15 En voici. S'il vous est venu quelque querelle,
J'ai mon épée, allons. Vous ennuyez-vous point
De coucher toujours seul? Une esclave assez belle
Était à mes côtés : voulez-vous qu'on l'appelle?
— Non, dit l'Ami, ce n'est ni l'un ni l'autre point[5].
20   Je vous rends grâce de ce zèle.
Vous m'êtes, en dormant, un peu triste apparu;
J'ai craint qu'il[6] ne fût vrai; je suis vite accouru.
    Ce maudit songe en est la cause. »

---

1. *Monomotapa* : pays de l'Afrique du Sud, devenu synonyme de pays imaginaire; **2.** *S'occuper à* : s'abandonner à; **3.** *Morphée* : fils du Sommeil, puis le sommeil lui-même; **4.** Rapprochez du vers 13 : *temps destiné pour le somme*; **5.** *Point* : chose; **6.** *Il* : pronom neutre, au sens de « cela ».

■ **QUESTIONS** ■

Fable XI : les Deux Amis.

    SOURCE : *De Deux Amis* (Pilpay, *le Livre des Lumières*).

● VERS 1-4. Pourquoi La Fontaine a-t-il choisi un pays imaginaire? Ne nous révèle-t-il pas ainsi une certaine nostalgie? — Le vers 2 n'apparaît-il pas comme un écho de Montaigne (*Essais*, I, XXVIII, « De l'amitié »)?

● VERS 5-23. Comment La Fontaine intrigue-t-il le lecteur (vers 5-9)? — Le véritable ami n'attend pas qu'on le sollicite. Étudiez la façon dont le premier essaie de deviner les soucis de l'autre et lui offre son aide. — Dans la fable transparaissent en filigrane le cadre de vie et la situation sociale des deux amis. Quels sont-ils? — Pourquoi La Fontaine a-t-il choisi un songe comme prétexte à la venue de l'ami? — Comment se marque la délicatesse de l'ami (vers 20-23)?

Qui d'eux aimait le mieux ? Que t'en semble, lecteur ?
25 Cette difficulté vaut bien qu'on la propose.
Qu'un ami véritable est une douce chose !
Il cherche vos besoins au fond de votre cœur ;
        Il vous épargne la pudeur[1]
        De les lui découvrir vous-même ;
30   Un songe, un rien, tout lui fait peur
Quand il s'agit de ce qu'il aime.

XIV. — LES OBSÈQUES DE LA LIONNE

        La femme du Lion mourut ;
        Aussitôt chacun accourut
        Pour s'acquitter envers le Prince
De certains compliments de consolation,
5   Qui sont surcroît d'affliction.

---

1. *Pudeur* : embarras.

QUESTIONS

● Vers 24-31. Les vers 24-25 ne rappellent-ils pas les questions posées dans les salons précieux ? Montrez que La Fontaine intéresse ainsi le lecteur. — Comment répondrait-on à la question posée ? Justifiez la réponse. — L'épilogue de cette fable est très célèbre. Pourquoi ?

■ Sur l'ensemble de la fable XI. — Qu'apporte cette fable à la connaissance de La Fontaine ? Ce prétendu égoïste ne révèle-t-il pas ici une délicatesse extrême de sentiments ?

— Rapprochez cette fable du passage où Montaigne parle, dans les *Essais*, de son amitié pour La Boétie.

— La confidence lyrique d'après cette fable.

Fable XIV : **les Obsèques de la Lionne.**

    Source : *Le Lion irrité contre le Cerf qui se réjouissait de la mort de la Lionne* — Le lion avait invité tous les quadrupèdes à honorer les obsèques de sa femme qui venait de mourir. Pendant que tous les animaux ressentaient à la mort de la reine une douleur inexprimable, seul, le cerf, à qui elle avait enlevé ses fils, étranger au chagrin, ne versait pas une larme. Le roi s'en aperçut. Il fait venir le cerf pour le mettre à mort. Il lui demande pourquoi il ne pleure pas avec les autres la mort de la reine. « C'est ce que j'aurais fait, dit celui-ci, si elle ne me l'avait pas défendu. Quand j'approchai, son âme bienheureuse m'apparut. Elle se rendait aux demeures élyséennes, ajoutant qu'il ne fallait pas pleurer son départ, puisqu'elle se rendait vers les parcs riants et les bois, séjour enchanté du bonheur. » A ces mots, le lion plein de joie, accorda au cerf sa grâce. Cette fable signifie que c'est parfois le devoir d'un homme prudent de feindre et de s'abriter de la fureur des puissants derrière une honorable excuse (Abstémius, fable cxlviii).

Il fit avertir sa Province¹
Que les obsèques se feraient
Un tel jour, en tel lieu; ses Prévots² y seraient
Pour régler la cérémonie,
10   Et pour placer la compagnie.
Jugez si chacun s'y trouva.
Le Prince aux cris s'abandonna,
Et tout son antre en résonna :
Les Lions n'ont point d'autre temple.
15   On entendit, à son exemple,
Rugir en leur³ patois Messieurs les Courtisans.
Je définis la cour un pays où les gens,
Tristes, gais, prêts à tout, à tout indifférents,
Sont ce qu'il plaît au Prince, ou, s'ils ne peuvent l'être,
20   Tâchent au moins de le paraître :
Peuple caméléon, peuple singe du maître ;
On dirait qu'un⁴ esprit anime mille corps :
C'est bien là que les gens sont de simples ressorts⁵.
Pour revenir à notre affaire,
25 Le Cerf ne pleura point. Comment eût-il pu faire?
Cette mort le vengeait : la Reine avait jadis
Étranglé sa femme et son fils.
Bref, il ne pleura point. Un flatteur l'alla dire,
Et soutint qu'il l'avait vu rire.
30 La colère du Roi, comme dit Salomon⁶,
Est terrible, et surtout celle du roi Lion;
Mais ce Cerf n'avait pas accoutumé de lire.
Le Monarque lui dit : « Chétif hôte des bois,

---

1. *Province* : royaume; 2. *Prévôt* : officier chargé de l'organisation des cérémonies; 3. Chacun dans son propre patois; 4. *Un* : un seul; 5. Allusion à la théorie cartésienne des animaux-machines (voir IX, xxi, *Discours à M*ᵐᵉ *de La Sablière*); 6. « Semblable au rugissement du lion, la colère du roi! » (Proverbes, XX, 2).

——— QUESTIONS ———

● VERS 1-16. Pourquoi *la femme du lion* et non pas « la lionne »? — Étudiez la justesse psychologique des vers 3-5. — Solennité et menaces dans les vers 6-10 : leur conclusion dans le vers 11. — La comédie de la Cour : n'entend-on pas les rugissements du lion aux vers 12-13? — Étudiez, dans le vocabulaire, l'art de passer sans cesse des animaux aux hommes.

● VERS 17-23. La parenthèse de La Fontaine : quel défaut reproche-t-il à la Cour? Montrez que les vers 17-20 font des courtisans de véritables marionnettes. Quelle utilisation est faite ici de la doctrine cartésienne (vers 23)?

Tu ris, tu ne suis pas ses gémissantes voix.
35 Nous[1] n'appliquerons point sur tes membres profanes
       Nos sacrés ongles : venez, Loups,
       Vengez la Reine; immolez tous
       Ce traître à ses augustes mânes. »
Le Cerf reprit alors : « Sire, le temps de pleurs[2]
40 Est passé; la douleur est ici superflue.
    Votre digne moitié, couchée entre des fleurs,
       Tout près d'ici m'est apparue;
       Et je l'ai d'abord[3] reconnue.
  « Ami, m'a-t-elle dit, garde[4] que ce convoi,
45 « Quand je vais chez les Dieux, ne t'oblige à des larmes.
  « Aux Champs Élysiens[5] j'ai goûté mille charmes,
  « Conversant[6] avec ceux qui sont saints comme moi.
  « Laisse agir quelque temps le désespoir du Roi :
  « J'y prends plaisir. » A peine on eut ouï la chose,
50 Qu'on se mit à crier : « Miracle! Apothéose[7]! »
Le Cerf eut un présent, bien loin d'être puni.

      Amusez[8] les Rois par des songes,
    Flattez-les, payez-les d'agréables mensonges :
    Quelque indignation dont leur cœur soit rempli,
55 Ils goberont l'appât; vous serez leur ami.

---

    1. Pluriel de majesté; 2. Le temps *des* pleurs; 3. *D'abord :* dès l'abord; 4. Absence du pronom *toi*; 5. Les *Champs-Élysées* (ou *Élysiens*, forme plus rare) étaient, dans l'Antiquité, le séjour des bienheureux et des sages après leur mort (voir XI, IV, 2); 6. *Converser :* vivre avec, fréquenter; 7. *Apothéose :* fait pour un mortel d'être admis au séjour des dieux; 8. *Amuser :* abuser.

━━━━ QUESTIONS ━━━━

● VERS 24-38. Pourquoi le courtisan soutient-il qu'il a vu rire le cerf? Que penser de la délation à la Cour? — Étudiez, dans le discours du roi (vers 33-38), sa cruauté, son autorité, sa majesté méprisante.

● VERS 39-51. Montrez l'habileté du mensonge du cerf. Pourquoi sa « vision » ne peut-elle être démentie? Le cerf ne tient-il pas compte du caractère du lion et de la lionne? — Logique et imprévu du dénouement.

● VERS 52-55. La moralité semble assez amère. En quoi? Soulignez-en la hardiesse.

■ SUR L'ENSEMBLE DE LA FABLE XIV. — L'art de voiler la satire. — La Cour vue par La Fontaine : montrez la dureté qui atteint tous les niveaux. Citez d'autres fables où La Fontaine a donné une image cruelle des mœurs de la Cour.

    — Étudiez les différents procédés utilisés par l'auteur pour rendre vivant et amusant ce récit qui traite d'un sujet funèbre.

LIVRE NEUVIÈME

I. — LE DÉPOSITAIRE INFIDÈLE

Grâce aux Filles de Mémoire[1],
J'ai chanté des animaux ;
Peut-être d'autres héros
M'auraient acquis moins de gloire.
5   Le Loup, en langue des Dieux[2],
Parle au Chien dans mes ouvrages ;
Les bêtes, à qui mieux mieux,
Y font divers personnages[3],
Les uns fous, les autres sages :
10   De telle sorte pourtant
Que les fous vont l'emportant ;
La mesure en est plus pleine.
Je mets aussi sur la scène
Des trompeurs, des scélérats,
15   Des tyrans et des ingrats,
Mainte imprudente pécore[4],
Force sots, force flatteurs ;
Je pourrais y joindre encore
Des légions de menteurs :
20   Tout homme ment, dit le Sage[5].
S'il n'y mettait seulement
Que les gens du bas étage,
On pourrait aucunement[6]
Souffrir ce défaut aux hommes ;

---

1. Les Muses ; 2. En vers ; 3. Voir V, I, *le Bûcheron et Mercure*, vers 29 ; 4. *Pécore* : personne stupide ; 5. Salomon : « Tout homme est menteur » (Psaume CXV, verset 11) ; 6. *Aucunement* : en quelque chose (sens positif).

QUESTIONS

Fable I : **le Dépositaire infidèle.**

    SOURCE : *D'un Marchand et de son Ami* (Pilpay, *le Livre des Lumières*).

● VERS 1-43. Le prologue : sur quel aspect des fables le poète insiste-t-il ? Comparez au prologue du livre V, fable I. — Quelles réflexions de moraliste se joignent ici aux idées littéraires (vers 20-28) ? — Montrez qu'à propos d'Ésope et d'Homère (vers 32-35) La Fontaine a donné une excellente définition de la fable. — Appréciez le naturel avec lequel est amenée la fable. — Quel effet produit le mètre employé dans le prologue ?

25   Mais que tous, tant que nous sommes,
                        Nous mentions, grand et petit,
                        Si quelque autre l'avait dit,
                        Je soutiendrais le contraire.
                        Et même qui mentirait
30   Comme Ésope et comme Homère,
                        Un vrai menteur ne serait :
                        Le doux charme de maint songe[1]
                        Par leur bel art inventé,
                        Sous les habits du mensonge
35   Nous offre la vérité.
                        L'un et l'autre a fait un livre
                        Que je tiens digne de vivre
                        Sans fin, et plus, s'il se peut.
                        Comme eux ne ment pas qui veut.
40   Mais mentir comme sut faire
                        Un certain dépositaire,
                        Payé[2] par son propre mot,
                        Est d'un méchant et d'un sot.
                Voici le fait :
                              Un Trafiquant de Perse,
45   Chez son Voisin, s'en allant en commerce[3],
                        Mit en dépôt un cent de fer[4] un jour.
                        « Mon fer? dit-il, quand il fut de retour.
       — Votre fer? il n'est plus : j'ai regret de vous dire
                        Qu'un rat l'a mangé tout entier.
50 J'en[5] ai grondé mes gens; mais qu'y faire? un grenier
A toujours quelque trou. » Le Trafiquant admire[6]
Un tel prodige, et feint de le croire pourtant.
Au bout de quelques jours il détourne[7] l'enfant
Du perfide Voisin; puis à souper convie
55 Le Père, qui s'excuse[8], et lui dit en pleurant :
                      « Dispensez-moi[9], je vous supplie;

---

1. *Songe :* fiction poétique; 2. *Payé :* puni (voir le dénouement des deux récits qui suivent); 3. Apposition à trafiquant; 4. *Un cent de fer :* cent livres ou un quintal de fer (voir vers 73); 5. *En :* à cause de cela; 6. *Admirer :* être extrêmement surpris; 7. *Détourner :* enlever secrètement; 8. *S'excuser :* refuser poliment; 9. Verbe employé absolument.

━━━ QUESTIONS ━━━

● VERS 44-52. Montrez que la vivacité du dialogue repose en grande partie sur les changements de mètres et de rythme. — Par quels détails le dépositaire s'efforce-t-il de rendre son mensonge vraisemblable?

Tous plaisirs pour moi sont perdus.
J'aimais un fils plus que ma vie;
Je n'ai que lui; que dis-je? hélas! je ne l'ai plus!
60 On me l'a dérobé : plaignez mon infortune. »
Le Marchand repartit : « Hier au soir, sur la brune[1],
Un chat-huant s'en vint votre fils enlever;
Vers un vieux bâtiment je le lui vis porter. »
Le Père dit : « Comment voulez-vous que je croie
65 Qu'un hibou pût jamais emporter cette proie?
Mon fils en un besoin[2] eût pris le chat-huant.
— Je ne vous dirai point, reprit l'autre, comment;
Mais enfin je l'ai vu, vu de mes yeux, vous dis-je,
Et ne vois rien qui vous oblige[3]
70 D'en douter un moment après ce que je dis.
Faut-il que vous trouviez étrange
Que les chats-huants d'un pays
Où le quintal de fer par un seul rat se mange[4],
Enlèvent un garçon pesant un demi-cent? »
75 L'autre vit où tendait cette feinte aventure :
Il rendit le fer au Marchand
Qui lui rendit sa géniture[5].

Même dispute avint[6] entre deux voyageurs.
L'un d'eux était de ces conteurs
80 Qui n'ont jamais rien vu qu'avec un microscope;
Tout est géant chez eux : écoutez-les, l'Europe,
Comme l'Afrique[7], aura des monstres à foison.
Celui-ci se croyait l'hyperbole permise.
« J'ai vu, dit-il, un chou plus grand qu'une maison.
85 — Et moi, dit l'autre, un pot aussi grand qu'une église. »

---

1. A la tombée de la nuit; 2. Au besoin; 3. *Obliger :* amener, porter à faire quelque chose; 4. Un verbe pronominal à sens passif pouvait se construire avec un complément d'agent introduit par *par;* 5. *Géniture :* son fils (voir IV, XVI, 15); 6. Archaïque pour *advint ;* 7. Selon les auteurs anciens, l'Afrique était peuplée de monstres.

QUESTIONS

● VERS 53-60. La douleur du père : comment La Fontaine lui a-t-il donné un accent de sincérité? Étudiez mètres et rythme. Montrez que, malgré cela, l'atmosphère de la fable n'est pas assombrie. Pourquoi était-ce nécessaire?

● VERS 61-77. Comparez les explications du marchand à celles du dépositaire et l'attitude des deux personnages face à l'invraisemblable.
— En quoi consiste l'habileté du trait final (vers 71-74)?

Le premier se moquant, l'autre reprit : « Tout doux[1];
  On le fit pour cuire vos choux. »

L'homme au pot fut plaisant; l'homme au fer fut habile.
  Quand l'absurde est outré, l'on lui fait trop d'honneur
90 De vouloir par raison combattre son erreur :
  Enchérir est plus court, sans s'échauffer la bile.

II. — LES DEUX PIGEONS

Deux Pigeons s'aimaient d'amour tendre :
  L'un d'eux, s'ennuyant au logis,
  Fut assez fou pour entreprendre
  Un voyage en lointain pays.
5 L'autre lui dit : « Qu'allez-vous faire?
  Voulez-vous quitter votre frère?
  L'absence est le plus grand des maux :
Non pas pour vous, cruel! Au moins, que les travaux[2],
  Les dangers, les soins[3] du voyage,
10 Changent un peu votre courage[4].
Encor, si la saison s'avançait davantage!
Attendez les zéphirs : qui vous presse? un corbeau
Tout à l'heure annonçait malheur à quelque oiseau.
Je ne songerai[5] plus que rencontre funeste,

---

1. Doucement; 2. *Travaux* : peines, fatigues; 3. *Soin* : souci; 4. *Courage* : sentiment, résolution; 5. *Songer* : voir en rêve.

QUESTIONS

● Vers 78-87. Analysez le pittoresque de l'expression. — N'y a-t-il pas euphémisme dans l'emploi du mot *hyperbole?* — Le second récit, plus court, est aussi plus mordant. Pourquoi?

● Vers 88-91. La moralité n'est-elle pas en accord avec le tempérament du poète? Montrez son efficacité pratique et sa « sagesse ».

■ Sur l'ensemble de la fable I. — La « diversité » dans cette fable. Montrez qu'en ajoutant le second récit La Fontaine termine sur une note gaie, dépourvue d'arrière-pensée. Soulignez la différence de ton entre les deux anecdotes.

— Comment la moralité s'adapte-t-elle à l'originalité de chacune des parties de cette fable (prologue, premier et second récits), tout en renforçant l'unité?

15 Que faucons, que réseaux[1]. « Hélas! dirai-je, il pleut :
　　　　« Mon frère a-t-il tout ce qu'il veut,
　　　　« Bon soupé[2], bon gîte, et le reste? »
　　　　Ce discours ébranla le cœur
　　　　De notre imprudent voyageur;
20 Mais le désir de voir et l'humeur inquiète[3]
　　L'emportèrent enfin. Il dit : « Ne pleurez point;
　　Trois jours au plus rendront mon âme satisfaite[4];
　　Je reviendrai dans peu conter de point en point[5]
　　　　Mes aventures à mon frère;
25 Je le désennuierai. Quiconque ne voit guère
　　N'a guère à dire aussi[6]. Mon voyage dépeint[7]
　　　　Vous sera d'un plaisir extrême.
　　Je dirai : « J'étais là; telle chose m'avint[8] »;
　　　　Vous y croirez être vous-même. »
30 A ces mots, en pleurant, ils se dirent adieu.
　　Le voyageur s'éloigne; et voilà qu'un nuage
　　L'oblige de chercher retraite en quelque lieu.
　　Un seul arbre s'offrit, tel encor que l'orage
　　Maltraita le Pigeon en dépit du feuillage.
35 L'air devenu serein, il part tout morfondu[9],
　　Sèche du mieux qu'il peut son corps chargé de pluie;
　　Dans un champ à l'écart voit du blé répandu,
　　Voit un pigeon auprès[10] : cela lui donne envie;

---

1. *Réseau :* filet pour prendre du poisson, des oiseaux (voir I, VIII, 41); 2. Participe employé comme nom; 3. L'inconstance, l'impossibilité de rester en place; 4. *Rendront... satisfaite :* satisferont; 5. *De point en point :* par le détail; 6. Rapprochez de I, VIII, 2-3; 7. Tour classique : la description de mon voyage; 8. Voir IX, I, 78; 9. *Morfondu :* saisi par le froid et l'humidité; 10. Il servait d' « appeau ».

──────── QUESTIONS ────────

Fable II : les Deux Pigeons.

SOURCE : Pilpay, *le Livre des Lumières*.

● VERS 1-17. Y a-t-il incompatibilité entre l'amour tendre des deux pigeons et l'ennui éprouvé par l'un d'eux? — Quels sentiments traduisent les paroles du premier pigeon? De quel ordre sont ses arguments? Les vers 15-17 n'expriment-ils pas avec délicatesse la tendresse du pigeon? — Étudiez les mètres et le rythme de ce passage en fonction des sentiments exprimés.

● VERS 18-29. Soulignez les différences de caractère des deux personnages. Comment se marquent-elles? Quels sont les arguments du voyageur? — Quelle remarque psychologique suggère l'emploi des temps au vers 28? N'y a-t-il pas un certain égocentrisme chez le pigeon qui désire partir? A quoi, dans son discours, peut-on le déceler?

« Deux Pigeons s'aimaient d'amour tendre... »

Panneau décoratif de Christophe Huet (première moitié du XVIIIᵉ siècle).

Il y vole, il est pris : ce blé couvrait d'un las[1]
40   Les menteurs et traîtres appas[2].
Le las était usé; si bien que, de son aile,
De ses pieds, de son bec, l'oiseau le rompt enfin;
Quelque plume y périt; et le pis du destin
Fut qu'un certain vautour, à la serre cruelle,
45 Vit notre malheureux, qui, traînant la ficelle
Et les morceaux du las qui l'avait attrapé,
      Semblait un forçat échappé.
Le vautour s'en allait le lier[3], quand des nues
Fond à son tour un aigle aux ailes étendues.
50 Le Pigeon profita du conflit des voleurs,
S'envola, s'abattit auprès d'une masure,
      Crut, pour ce coup, que ses malheurs
      Finiraient par cette aventure[4];
Mais un fripon d'enfant (cet âge est sans pitié)
55 Prit sa fronde et du coup tua plus d'à moitié
      La volatile[5] malheureuse,
      Qui, maudissant sa curiosité,
      Traînant l'aile et tirant le pié[6],
      Demi-morte et demi-boiteuse,
60   Droit au logis s'en retourna :
      Que bien, que mal[7], elle arriva
      Sans autre aventure fâcheuse.
Voilà nos gens rejoints[8]; et je laisse à juger
De combien de plaisirs ils payèrent leurs peines.

65 Amants, heureux amants, voulez-vous voyager?
      Que ce soit aux rives[9] prochaines.
Soyez-vous l'un à l'autre un monde toujours beau,

---

1. *Las* ou *lacs* : voir VIII, IX, 32; 2. Le blé mis comme appât cachait le piège; 3. « On dit qu'un oiseau de proie lie le gibier pour dire qu'il l'arrête avec sa serre » *(Dictionnaire de l'Académie)*; 4. *Aventure* : accident; 5. Mot aujourd'hui masculin; 6. Orthographe ancienne autorisée en poésie pour la rime; 7. Tant bien que mal; 8. Verbe pronominal employé sans pronom au participe; 9. *Rives* : pays (expression poétique).

QUESTIONS

● VERS 30-64. Les péripéties du voyage : montrez que La Fontaine les a savamment et logiquement agencées. Soulignez-en la progression. Analysez leur enchaînement en mettant en évidence qu'il n'y a aucun temps de repos entre eux. — Analysez le pouvoir de suggestion des vers 37-39, 41-42, 45-47, 48-49 et surtout 55-62. — Montrez la profondeur psychologique des vers 63-64.

Toujours divers, toujours nouveau ;
Tenez-vous lieu de tout, comptez pour rien le reste.
70 J'ai quelquefois[1] aimé : je n'aurais pas alors,
Contre le Louvre et ses trésors,
Contre le firmament et sa voûte céleste,
Changé les bois, changé les lieux
Honorés par les pas, éclairés par les yeux
75 De l'aimable et jeune Bergère[2]
Pour qui, sous le fils de Cythère[3],
Je servis[4], engagé par mes premiers serments.
Hélas! quand reviendront de semblables moments?
Faut-il que tant d'objets si doux et si charmants
80 Me laissent vivre au gré de mon âme inquiète[5]?
Ah! si mon cœur osait encor se renflammer!
Ne sentirai-je plus de charme[6] qui m'arrête[7]?
Ai-je passé le temps d'aimer?

---

1. *Quelquefois :* une fois (archaïque); 2. La Fontaine avait écrit en juin 1671 dans une lettre adressée à la duchesse de Bouillon :

> ... Peut-on s'ennuyer en des lieux
> Honorés par les pas, éclairés par les yeux
> D'une aimable et vive princesse?

3. L'Amour, fils de Vénus. *Cythère* désigne ordinairement l'île où Vénus avait un temple; 4. *Servir :* être esclave (terme précieux); 5. *Inquiet :* voir vers 20; 6. *Charme :* sortilège (sens fort); 7. *Arrêter :* fixer.

QUESTIONS

● Vers 65-83. Comment définissez-vous la conclusion de cette fable? Montrez que la préciosité du style n'exclut pas la sincérité et l'émotion. — Étudiez le mouvement et le rythme des vers 65-77. — Essayez d'expliquer la mélancolie du poète. Sous quelle forme s'exprime-t-elle?

■ Sur l'ensemble de la fable II. — Dégagez et classez les éléments qui font de cette fable un chef-d'œuvre de délicatesse et d'harmonie.

— Cherchez les éléments qui rendent cette fable originale (ton, vocabulaire, sujet, méditation finale).

— En quoi peut-on parler ici de fable lyrique?

— Tentez de tracer le portrait moral du poète, au moment où il écrit cette fable.

— Faut-il voir une contradiction entre la notation du vers 54 : *cet âge est sans pitié*, et le dernier vers de la fable *le Vieux Chat et la Jeune Souris* (XII, v) : *La vieillesse est impitoyable?*

— Le sentiment de l'amour et celui de l'amitié chez La Fontaine d'après cette fable.

IV. — LE GLAND ET LA CITROUILLE

Dieu fait bien ce qu'il fait. Sans en chercher la preuve
En tout cet univers, et l'aller parcourant,
    Dans les citrouilles je la treuve[1].
    Un Villageois, considérant
5 Combien ce fruit est gros et sa tige menue :
« A quoi songeait, dit-il, l'auteur de tout cela?
Il a bien mal placé cette citrouille-là!
    Hé parbleu! je l'aurais pendue
    A l'un des chênes que voilà;
10   C'eût été justement l'affaire :
    Tel fruit, tel arbre, pour bien faire.
C'est dommage, Garo[2], que tu n'es point entré
Au conseil de Celui que prêche[3] ton curé :
Tout en eût été mieux; car pourquoi, par exemple,
15 Le Gland, qui n'est pas gros comme mon petit doigt,
    Ne pend-il pas en cet endroit?

---

1. Je la trouve; **2.** Nom déjà donné par Cyrano de Bergerac à l'un des personnages du *Pédant joué*; **3.** *Prêcher :* transitif, au sens de « parler avec insistance de ».

QUESTIONS

Fable IV : **le Gland et la Citrouille.**

SOURCE (possible) : *Si Dieu a fait quelque chose de mauvais.*

GRATTELARD. — En me promenant dans le jardin j'ai aperçu une grosse citrouille et, par ma foi, c'était un vrai tambour de Suisse qui était pendu en l'air. J'admirais comme Nature avait eu si peu d'esprit de dire qu'un si gros fruit fût soutenu d'une si petite queue [...]. Mais quand j'ai été plus avant dans le bois [...], j'ai bien changé d'avis et d'opinion.

LE MAÎTRE. — Tu as reconnu que la nature ne produit rien qu'avec grande considération.

GRATTELARD. — Par la mordienne, j'étais perdu si elle eût fait autrement, car, en passant par-dessous un grand chêne, j'entendais chanter un oiseau qui par son doux ramage m'arrêta tout court, et, comme je voulais regarder en haut, un gland me tombe sur le nez. Je fus contraint alors d'avouer que la nature avait bien fait, car si elle eût mis une citrouille au sommet du chêne, cela m'eût cassé le nez.

(Tabarin, *Rencontres, fantaisies et coq-à-l'âne facétieux du baron de Grattelard*, septième question.)

● VERS 1-3. Quelle philosophie faut-il voir dans la moralité du premier vers? La preuve choisie n'est-elle pas cocasse? Montrez que La Fontaine cherche à piquer la curiosité dès le début du texte.

Dieu s'est mépris : plus je contemple
Ces fruits ainsi placés, plus il semble à Garo
    Que l'on a fait un quiproquo. »
20 Cette réflexion embarrassant notre homme :
« On ne dort point, dit-il, quand on a tant d'esprit[1]. »
Sous un chêne aussitôt il va prendre son somme.
Un Gland tombe : le nez du dormeur en pâtit.
Il s'éveille ; et, portant la main sur son visage,
25 Il trouve encor le Gland pris au poil du menton.
Son nez meurtri[2] le force à changer de langage.
« Oh ! oh ! dit-il, je saigne ! et que serait-ce donc
S'il fût tombé de l'arbre une masse plus lourde,
    Et que ce Gland eût été gourde[3] ?
30 Dieu ne l'a pas voulu : sans doute[4] il eut raison ;
    J'en vois bien à présent la cause. »
    En louant Dieu de toute chose,
    Garo retourne à la maison.

---

1. *Esprit* : intelligence; 2. Tour classique (rapprochez de IX, II, vers 26);
3. *Gourde* : courge; 4. *Sans doute* : sans aucun doute.

QUESTIONS

● VERS 4-19. Le comique dans l'attitude du villageois. Comment s'exprime sa prétention stupide? — Montrez que son langage est celui d'un homme du peuple. — Que suggère la périphrase du vers 13? Étudiez, dans le monologue de Garo, comment ce personnage s'adresse à lui-même. Quel effet produit le jeu des personnes?

● VERS 20-33. Montrez la malice de la transition. — N'y a-t-il pas dans le passage des éléments de farce? — L'art de suggérer par le rythme aux vers 23-35. — La conclusion de Garo procède-t-elle d'un sage raisonnement?

■ SUR L'ENSEMBLE DE LA FABLE IV. — Cette fable n'est-elle pas une comédie? Étudiez les divers aspects de son comique.

— La psychologie des personnages. Y a-t-il évolution? Pourquoi?

— Montrez comment La Fontaine utilise les éléments d'un cadre qu'il suggère.

— Y a-t-il à votre avis contradiction entre l'optimisme exprimé ici par La Fontaine et le pessimisme de beaucoup de ses fables?

— Fantaisie et réalisme dans cette fable.

IX. — L'HUÎTRE ET LES PLAIDEURS[1]

Un jour deux Pèlerins[2] sur le sable rencontrent
Une Huître, que le flot y venait d'apporter :
Ils l'avalent des yeux, du doigt ils se la montrent;
A l'égard de la dent il fallut contester[3].
5 L'un se baissait déjà pour amasser[4] la proie;
L'autre le pousse, et dit : « Il est bon de savoir
       Qui de nous en aura la joie.
Celui qui le premier a pu[5] l'apercevoir
En sera le gobeur[6]; l'autre le verra faire.
10   — Si par là l'on juge l'affaire,
Reprit son compagnon, j'ai l'œil bon, Dieu merci[7].
    — Je ne l'ai pas mauvais aussi,
Dit l'autre; et je l'ai vue avant vous, sur ma vie[8].
    — Eh bien! vous l'avez vue; et moi je l'ai sentie. »
15   Pendant tout ce bel incident,

1. La Fontaine, en reprenant le sujet d'une fable composée par Boileau, semble avoir cherché à se venger de ce que Boileau avait voulu refaire *la Mort et le Bûcheron* (I, XVI); 2. *Pèlerin* : voyageur, sans idée religieuse; 3. Verbe employé absolument; 4. *Amasser* : ramasser; 5. Variante de 1671 : *a dû*; 6. Mot probablement créé par La Fontaine; 7. Variante de 1671 :

         J'ai l'œil bon. — Dieu merci,
         Je ne l'ai pas mauvais aussi [...];

8. Je le jure sur ma vie.

— QUESTIONS —

Fable IX : **l'Huître et les Plaideurs.**

Source :

    Un jour, dit un auteur, n'importe en quel chapitre,
    Deux voyageurs à jeun rencontrèrent une huître;
    Tous deux la contestaient, lorsque dans leur chemin
    La Justice passa, la balance à la main.
    Devant elle à grand bruit ils expliquent la chose :
    Tous deux avec dépens veulent gagner leur cause.
    La justice pesant ce droit litigieux
    Demande l'huître, l'ouvre et l'avale à leurs yeux,
    Et par ce bel arrêt terminant la bataille,
    « Tenez, voilà, dit-elle, à chacun une écaille.
    Des sottises d'autrui, nous vivons au Palais.
    Messieurs, l'huître était bonne. Adieu. Vivez en paix. »
              (Boileau, *Épîtres*, II, vers 41-52.)

● Vers 1-14. Quelle est la valeur de l'enjambement au vers 2? — La comédie : appréciez l'art de suggérer par les gestes et le pittoresque de l'expression. — Sur quel jeu verbal reposent les vers 3-4? — Montrez avec quel naturel est amenée la discussion. — La vivacité du dialogue : soulignez l'à-propos des répliques. Étudiez le rythme des vers 10-14.

Perrin Dandin[1] arrive : ils le prennent pour juge.
Perrin, fort gravement, ouvre l'Huître, et la gruge[2],
       Nos deux Messieurs le regardant.
Ce repas fait, il dit, d'un ton de président :
20 « Tenez, la cour vous donne à chacun une écaille
Sans dépens[3] ; et qu'en paix chacun chez soi s'en aille. »

Mettez[4] ce qu'il en coûte à plaider aujourd'hui ;
Comptez ce qu'il en reste à beaucoup de familles,
Vous verrez que Perrin tire l'argent à lui,
25 Et ne laisse aux plaideurs que le sac et les quilles[5].

XXI. — LES DEUX RATS, LE RENARD ET L'ŒUF

DISCOURS[6] A MADAME DE LA SABLIÈRE

Iris[7], je vous louerais ; il[8] n'est que trop aisé[9] ;
Mais vous avez cent fois notre encens refusé,

---

1. Personnage de Rabelais (*Tiers Livre*, XLV), puis de Racine *(les Plaideurs)* ;
2. *Gruger* : briser avec les dents ; ici, manger ; 3. *Sans frais* ; 4. *Mettre* : noter ;
5. Allusion au jeu de quilles : Perrin garde l'enjeu et ne laisse aux joueurs que les
quilles et leur sac. Il y a peut-être un jeu de mots sur *sac* : les pièces de procès
étaient contenues dans des sacs ; 6. Le mot signifie ici « entretien » ; 7. Nom de
fantaisie donné par La Fontaine à Mme de La Sablière ; 8. Neutre ; 9. « Mme de La
Sablière était en effet une des femmes les plus aimables de son temps, très instruite. [...] Elle avait donné un logement dans sa maison à La Fontaine » (Chamfort).

━━━ QUESTIONS ━━━

● VERS 15-21. Comment la gravité de Perrin Dandin est-elle suggérée
par le rythme (vers 16-17) ? La brièveté du vers 18 n'est-elle pas comique ?
— L'arrêt : montrez sa valeur parodique et satirique.

● VERS 22-25. La satire n'implique-t-elle pas le souci de l'intérêt public ?
— Étudiez le pittoresque du trait final.

■ SUR L'ENSEMBLE DE LA FABLE IX. — La justice vue par La Fontaine :
aspects de satire traditionnelle ; la réalité contemporaine et la fable
(importance, coût des procès, habitudes de la justice).

— La vivacité du récit. Son humour. A quoi tient l'impression d'aisance offerte par cette fable ?

Fable XXI : **les Deux Rats, le Renard et l'Œuf** (*Discours à
Madame de La Sablière*).

SOURCE (essentielle) : Bernier, *Abrégé de la philosophie de Gassendi*.

● VERS 1-23. Sur quel ton commence cet entretien ? Quelles réflexions
de moraliste y introduit le poète ? — Sur quelles qualités repose l'éloge
que fait La Fontaine de Mme de La Sablière et de son salon ? — Montrez
que les idées des vers 18-23 constituent aussi une véritable théorie de
la fable. — Comment ces considérations sont-elles naturellement reliées
au reste du *Discours*?

En cela peu semblable au reste des mortelles,
Qui veulent tous les jours des louanges nouvelles.
5 Pas une ne s'endort à ce bruit si flatteur.

Je ne les blâme point; je souffre cette humeur :
Elle est commune aux Dieux, aux monarques, aux belles.
Ce breuvage vanté par le peuple rimeur,
Le nectar que l'on sert au maître du tonnerre[1],
10 Et dont nous enivrons tous les dieux de la terre,
C'est la louange, Iris. Vous ne la goûtez point;
D'autres propos chez vous récompensent[2] ce point :
            Propos, agréables commerces[3],
Où le hasard fournit cent matières diverses,
15   Jusque-là qu'[4] en votre entretien
La bagatelle a part : le monde n'en croit rien[5].
            Laissons le monde et sa croyance.
            La bagatelle, la science,
Les chimères[6], le rien, tout est bon; je soutiens
20   Qu'il faut de tout aux entretiens :
            C'est un parterre où Flore épand ses biens;
Sur différentes fleurs l'abeille s'y repose,
            Et fait du miel de toute chose.
Ce fondement posé, ne trouvez pas mauvais
25 Qu'en ces fables aussi j'entremêle des traits
            De certaine philosophie,
            Subtile, engageante, et hardie.
On l'appelle nouvelle[7] : en avez-vous ou non
            Ouï parler? Ils[8] disent donc
30   Que la bête est une machine[9];
Qu'en elle tout se fait sans choix et par ressorts :
Nul sentiment[10], point d'âme; en elle tout est corps.
            Telle est la montre[11] qui chemine
A pas toujours égaux, aveugle et sans dessein.
35   Ouvrez-la, lisez dans son sein :

---

1. Jupiter; 2. *Récompenser :* compenser; 3. *Commerce :* échange de paroles ou de correspondance, relations; 4. Au point que; 5. Mme de La Sablière passait auprès de certaines personnes pour une « femme savante »; 6. Les créations de l'imagination; 7. Il s'agit de la philosophie cartésienne, par opposition à celle d'Aristote; 8. Les tenants de la doctrine cartésienne; 9. Selon la théorie cartésienne des animaux-machines, les bêtes sont soumises au déterminisme. Tout se fait par *ressorts,* par des moyens purement physiques; 10. *Sentiment :* conscience; 11. Comparaison empruntée à Descartes (*Discours de la méthode,* V^e partie).

Mainte roue y tient lieu de tout l'esprit du monde[1];
      La première y meut la seconde;
Une troisième suit : elle sonne à la fin.
Au dire de ces gens, la bête est toute telle :
40   « L'objet la frappe en un endroit;
      Ce lieu frappé s'en va tout droit,
Selon nous[2], au voisin en porter la nouvelle.
Le sens de proche en proche aussitôt la reçoit.
L'impression[3] se fait. » Mais comment se fait-elle?
45   Selon eux, par nécessité,
      Sans passion, sans volonté[4] :
      L'animal se sent agité
   De mouvements que le vulgaire appelle
Tristesse, joie, amour, plaisir, douleur cruelle,
50   Ou quelque autre de ces états.
Mais ce n'est point cela : ne vous y trompez pas.
Qu'est-ce donc? — Une montre. — Et nous? — C'est autre
Voici de la façon que[5] Descartes l'expose,   [chose.
Descartes, ce mortel dont on eût fait un dieu
55   Chez les païens, et qui tient le milieu
Entre l'homme et l'esprit[6], comme entre l'huître et l'homme
Le tient tel de nos gens[7], franche bête de somme :
Voici, dis-je, comment raisonne cet auteur :
  « Sur[8] tous les animaux, enfants du Créateur,
60 J'ai le don de penser[9]; et je sais que je pense »;

---

1. *Tout l'esprit du monde* : toute l'intelligence imaginable; 2. Faut-il comprendre : nous sommes tous d'accord sur ce point, ou plutôt considérer qu'aux vers 40-44 les cartésiens reprennent leur exposé en discours direct, La Fontaine se faisant à partir du vers 45 (second hémistiche) le porte-parole des cartésiens dans un dialogue fictif avec Iris? 3. *Impression* : image, sensation; 4. Selon les cartésiens, il s'agit de simples mouvements, sans aucune intervention de l'âme; 5. Voici de quelle façon; 6. Esprit pur; 7. Peut-être : tel de nos domestiques; 8. *Sur tous les animaux* : supériorité, avantage sur les autres animaux, j'ai...; 9. Rappel de la formule de Descartes « Je pense, donc je suis ».

■ QUESTIONS ■

● VERS 24-68. Séparez en deux séries les arguments prêtés à Descartes et ceux de ses adversaires. — En quoi consiste la théorie cartésienne des animaux-machines? Comparez le résumé qu'en fait ici La Fontaine avec le texte de Descartes (*Discours de la méthode*, reproduit dans la Documentation thématique). — Par quels procédés La Fontaine a-t-il rendu vivant son exposé? — Certains détails ne révèlent-ils pas l'opposition absolue du poète aux idées cartésiennes? Montrez que le procédé employé au vers 52 est assez semblable à celui que Voltaire utilise souvent. En quoi consiste-t-il? Quelle est ici la part de schématisation? — Étudiez le rythme des vers 34, 43 et 68.

Or vous savez, Iris, de certaine science[1],
  Que, quand la bête penserait,
  La bête ne réfléchirait
  Sur l'objet ni sur la pensée[2].
65 Descartes va plus loin, et soutient nettement
  Qu'elle ne pense nullement.
  Vous n'êtes point embarrassée
De le croire ; ni moi[3].
     Cependant, quand aux bois
  Le bruit des cors, celui des voix,
70 N'a donné nul relâche à la fuyante proie,
  Qu'en vain elle a mis ses efforts
  A confondre et brouiller la voie[4],
L'animal chargé d'ans, vieux cerf, et de dix cors[5],
En suppose[6] un plus jeune, et l'oblige par force
75 A présenter aux chiens une nouvelle amorce.
Que de raisonnements pour conserver ses jours !
Le retour sur ses pas, les malices, les tours,
  Et le change[7], et cent stratagèmes
Dignes des plus grands chefs, dignes d'un meilleur sort !
80 On le déchire après sa mort :
  Ce sont tous ses honneurs suprêmes.
    Quand la Perdrix[8]
    Voit ses petits
En danger, et n'ayant qu'une plume[9] nouvelle
85 Qui ne peut fuir encor par les airs le trépas,
Elle fait la blessée, et va, traînant de l'aile,
Attirant le Chasseur et le Chien sur ses pas,
Détourne le danger, sauve ainsi sa famille ;

---

1. De science certaine ; 2. Il n'y a chez la bête possibilité de réflexion ni sur l'objet qui la frappe (vers 40), ni sur le fait qu'elle pense ; 3. La Fontaine paraît admettre sur ce point la théorie cartésienne ; 4. Pour faire perdre la piste aux chiens ; 5. Agé de sept ans au moins ; 6. *Suppose :* met à sa place (terme de vénerie) ; 7. *Change :* ruse de l'animal poursuivi qui égare les chiens sur la trace d'un autre ; 8. Passage imité de saint François de Sales, *Traité de l'amour de Dieu*, VIII, XII ; 9. *Plume :* plumage.

━━━━━ QUESTIONS ━━━━━

● VERS 68-91. Que veulent prouver les deux exemples du cerf et de la perdrix ? Montrez qu'il s'agit moins d'une thèse que de faits observés. — La Fontaine ne juge-t-il pas la perdrix supérieure à l'homme (vers 90-91) ? N'y a-t-il pas ici, dans les termes au moins, des traces d'anthropomorphisme ? Cette constatation altère-t-elle la valeur de l'exemple cité ? — L'art de peindre par le rythme et les sonorités (vers 68-70, 77-78, 86-87, 90-91).

Et puis quand le Chasseur croit que son Chien la pille[1],
90 Elle lui dit adieu, prend sa volée et rit
De l'Homme, qui, confus, des yeux en vain la suit.

Non loin du Nord[2], il est un monde
Où l'on sait que les habitants
Vivent, ainsi qu'aux premiers temps,
95 Dans une ignorance profonde :
Je parle des humains; car, quant aux animaux,
Ils y construisent des travaux
Qui des torrents grossis arrêtent le ravage
Et font communiquer l'un et l'autre rivage.
100 L'édifice résiste, et dure en son entier :
Après un lit de bois est un lit de mortier.
Chaque castor agit : commune en est la tâche;
Le vieux y fait marcher le jeune sans relâche;
Maint maître d'œuvre[3] y court, et tient haut le bâton[4].
105 La république de Platon[5]
Ne serait rien que l'apprentie
De cette famille amphibie.
Ils savent en hiver élever leurs maisons,
Passent les étangs sur des ponts,
110 Fruit de leur art, savant ouvrage;
Et nos pareils ont beau le[6] voir,
Jusqu'à présent tout leur savoir
Est de passer l'onde à la nage.
Que ces castors ne soient qu'un corps vide d'esprit,
115 Jamais on ne pourra m'obliger à le croire;
Mais voici beaucoup plus; écoutez ce récit,
Que je tiens d'un roi plein de gloire[7].
Le défenseur du Nord vous sera mon garant :
Je vais citer un prince aimé de la Victoire;
120 Son nom seul est un mur à[8] l'empire ottoman :

***

1. *Pille* : se jette sur le gibier (terme de vénerie); 2. Non loin du pôle Nord. Bernier, notamment, avait parlé des castors dans son *Abrégé de la philosophie de Gassendi;* 3. *Maître d'œuvre* : architecte, chef de chantier; 4. Expression proverbiale : commande avec vigueur; 5. Platon, dans *la République,* conçoit une cité idéale dont tous les habitants se dévoueraient au bien commun; 6. *Le* (neutre) : cela ; 7. Il s'agit de Jean Sobieski, vainqueur des Turcs, élu roi de Pologne en 1674. On ne sait si La Fontaine tenait ce récit directement de lui. Le roi avait en effet fréquenté les salons parisiens, notamment celui de Mᵐᵉ de La Sablière; 8. *A* : contre.

C'est le roi polonais. Jamais un roi ne ment.

Il dit donc que sur sa frontière,
Des animaux[1] entre eux ont guerre de tout temps :
Le sang qui se transmet des pères aux enfants
125   En renouvelle la matière[2].
Ces animaux, dit-il, sont germains[3] du renard.
       Jamais la guerre avec tant d'art
       Ne s'est faite parmi les hommes,
       Non pas même au siècle où nous sommes.
130 Corps de garde avancé, vedettes[4], espions,
Embuscades, partis[5], et mille inventions
D'une pernicieuse et maudite science,
       Fille du Styx[6], et mère des héros,
       Exercent de ces animaux
135   Le bon sens et l'expérience.
Pour chanter leurs combats, l'Achéron nous devrait
       Rendre Homère. Ah! s'il le rendait,
Et qu'il rendît aussi le rival d'Épicure[7],
Que dirait ce dernier sur ces exemples-ci ?
140 Ce que j'ai déjà dit[8] : qu'aux bêtes la nature
Peut par les seuls ressorts opérer tout ceci;
       Que la mémoire est corporelle[9];

---

1. Les bobaques, ou boubacks. Voici ce qu'en dit Furetière, à qui étaient parvenus les récits du roi de Pologne : « Des animaux appelés boubacks, qui sont de deux espèces : les uns de la couleur et de la grandeur des blaireaux, et les autres de celle des renards. Ils ont une antipathie invincible les uns pour les autres de sorte qu'ils se font une guerre continuelle et à la manière même des hommes »; 2. *Matière* : cause, occasion; 3. *Germains* : frères ou cousins; 4. *Vedettes* : cavaliers éclaireurs; 5. *Parti* : petite troupe de cavalerie ou d'infanterie qu'on envoie en reconnaissance; 6. Le *Styx*, fleuve des Enfers (comme l'*Achéron*, cité au vers 136), finit par désigner la mort; 7. Descartes, qui rivalise en gloire avec Épicure, et dont la philosophie est combattue par l'épicurien Gassendi; 8. Voir vers 29-66; 9. La mémoire n'implique ni âme ni pensée.

■ QUESTIONS ■

● VERS 92-121. Pourquoi l'exemple des castors est-il particulièrement probant? — La Fontaine ne souligne-t-il pas malicieusement l'infériorité humaine? Comment? Cette infériorité, indice de la perfectibilité de l'homme par l'intelligence, ne peut-elle être retournée contre ce que La Fontaine veut démontrer? — Montrez l'importance du vers 110.

● VERS 122-137. Cet exemple vous paraît-il intéressant? Relevez les termes qui prouvent, selon La Fontaine, l'intelligence animale. Montrez qu'ici la progression par rapport à l'exemple précédent vient du prestige attaché à la science guerrière. — Quel double aspect prend la guerre aux yeux du poète?

Et que, pour en venir aux exemples divers
  Que j'ai mis en jour dans ces vers,
145   L'animal n'a besoin que d'elle.
L'objet, lorsqu'il revient, va dans son magasin[1]
  Chercher, par le même chemin,
  L'image auparavant tracée,
Qui sur les mêmes pas revient pareillement,
150   Sans le secours de la pensée,
  Causer un même événement[2].
  Nous agissons tout autrement :
  La volonté nous détermine,
Non l'objet, ni l'instinct. Je parle, je chemine :
155   Je sens en moi certain agent;
  Tout obéit dans ma machine[3]
   A ce principe intelligent.
Il est distinct du corps, se conçoit nettement,
  Se conçoit mieux que le corps même[4] :
160 De tous nos mouvements c'est l'arbitre suprême.
  Mais comment le corps l'entend-il[5]?
  C'est là le point[6]. Je vois l'outil
Obéir à la main; mais la main, qui la guide?
Eh! qui guide les cieux et leur course rapide?
165 Quelque ange est attaché peut-être à ces grands corps.
Un esprit vit en nous, et meut tous nos ressorts;
L'impression se fait : le moyen, je l'ignore :
On ne l'apprend qu'au sein de la Divinité;
Et, s'il faut en parler avec sincérité,
170   Descartes l'ignorait encore[7].
Nous et lui là-dessus nous sommes tous égaux :
Ce que je sais, Iris, c'est qu'en ces animaux
  Dont je viens de citer l'exemple,
Cet esprit n'agit pas : l'homme seul est son temple.
175 Aussi faut-il donner à l'animal un point[8],

---

1. Le *magasin* de la mémoire; 2. *Evénement :* résultat. Devant un même objet, l'animal retrouve les mêmes réactions que lors du premier contact; 3. *Ma machine :* la machine que je suis, l'être constitué que je suis; 4. Ces deux vers viennent directement de Descartes, *Discours de la méthode*, IV : « [...] l'âme est entièrement distincte du corps et même [...] elle est plus aisée à connaître que lui »; 5. Comment le corps entend-il les ordres de l'âme? C'est le problème des rapports de l'âme et du corps; 6. *Point :* difficulté; 7. Maintenant (il est mort en 1650), il le sait; 8. Trait distinctif. La pensée de La Fontaine est fondée sur la distinction traditionnelle entre l'âme raisonnable (hommes), l'âme sensitive (bêtes) et l'âme végétative (plantes).

Que la plante, après tout, n'a point :
Cependant la plante respire.
Mais que répondra-t-on à ce que je vais dire?
Deux Rats cherchaient leur vie[1]; ils trouvèrent un œuf.
180 Le dîné suffisait à gens de cette espèce :
Il n'était pas besoin qu'ils trouvassent un bœuf.
Pleins d'appétit et d'allégresse,
Ils allaient de leur œuf manger chacun sa part,
Quand un quidam parut : c'était maître Renard.
185 Rencontre incommode et fâcheuse :
Car comment sauver l'œuf? Le bien empaqueter,
Puis des pieds de devant ensemble le porter,
Ou le rouler, ou le traîner :
C'était chose impossible autant que hasardeuse.
190 Nécessité l'ingénieuse
Leur fournit une invention[2].
Comme ils pouvaient gagner leur habitation,
L'écornifleur[3] étant à demi-quart de lieue,
L'un se mit sur le dos, prit l'œuf entre ses bras;
195 Puis, malgré quelques heurts et quelques mauvais pas,
L'autre le traîna par la queue.
Qu'on m'aille soutenir, après un tel récit,
Que les bêtes n'ont point d'esprit[4]!

Pour moi si j'en étais le maître,
200 Je leur en donnerais aussi bien qu'aux enfants[5].

────────────

1. *Vie* : nourriture; 2. La théorie cartésienne des animaux-machines qui explique la mémoire peut-elle expliquer l'invention? La Fontaine le nie; 3. *Ecornifleur* : qui va dîner chez autrui sans être invité, parasite; 4. *Esprit* : intelligence; 5. Rapprochez de Descartes : « Je ne croirais pas que les enfants eussent une âme si je ne voyais qu'ils sont de la même nature que les adultes. »

──────── **QUESTIONS** ────────

● VERS 137-178. Quelles objections aux exemples donnés La Fontaine met-il dans la bouche de Descartes? Pour ce dernier, la mémoire animale permet-elle d'assimiler l'animal à l'homme? — Le vers 178 n'est-il qu'une simple transition?

● VERS 179-198. En quoi cette fable constitue-t-elle pour La Fontaine une objection décisive à la doctrine cartésienne? — Montrez qu'il n'y a pas ici (vers 186-191) comportement fondé sur une mémoire « corporelle », mais invention et intelligence. — N'y a-t-il pas une intention philosophique dans l'utilisation plaisante du mot *bras* au vers 194? — Montrez que cette fable est non seulement une illustration supplémentaire de la position philosophique adoptée par La Fontaine, mais une agréable diversion (pour le ton) qui maintient malgré tout le lecteur dans le sujet de la discussion.

« L'un se mit sur
le dos, prit
l'œuf
entre
ses bras... »

LES
DEUX RATS,
VUS PAR
BENJAMIN
RABIER
(1869-1939)

Ceux-ci pensent-ils pas dès leurs plus jeunes ans?
Quelqu'un peut donc penser[1] ne se pouvant connaître.
    Par un exemple tout égal,
    J'attribuerais à l'animal,
205 Non point une raison selon notre manière,
Mais beaucoup plus aussi qu'un aveugle ressort :
Je subtiliserais[2] un morceau de matière,
Que l'on ne pourrait plus concevoir sans effort,
Quintessence[3] d'atome, extrait de la lumière[4],
210 Je ne sais quoi plus vif[5] et plus mobile encor
Que le feu; car enfin, si le bois fait la flamme,
La flamme, en s'épurant, peut-elle pas de l'âme
Nous donner quelque idée? et sort-il pas de l'or
Des entrailles du plomb[6]? Je rendrais mon ouvrage
215 Capable de sentir, juger, rien davantage,
    Et juger imparfaitement,
Sans qu'un singe jamais fît le moindre argument[7].
    A l'égard de nous autres hommes,
Je ferais notre lot infiniment plus fort;
220   Nous aurions un double trésor[8] :
L'un, cette âme pareille en tous tant que nous sommes,
    Sages, fous, enfants, idiots,

---

1. Sans pouvoir se connaître. La pensée n'implique pas la réflexion (voir vers 59-64); **2.** *Subtiliser :* rendre subtil (terme technique de la distillation); **3.** *Quintessence :* cinquième élément (ou essence) extrait d'un corps et plus subtil que la terre, l'eau, l'air et le feu. Tout ce passage (vers 206-213) est tiré de l'*Abrégé de la philosophie de Gassendi*, de Bernier; **4.** La lumière est plus subtile que le feu; **5.** Absence de la préposition *de;* rapprochez de Corneille, *le Cid,* II, II : « A qui venge son père il n'est rien impossible »; **6.** C'est là le rêve des alchimistes; **7.** *Argument :* raisonnement, syllogisme par exemple; **8.** L'âme corporelle que l'homme partage avec les animaux et l'âme incorporelle, commune aux hommes et aux anges. Idées toutes proches de celles de Gassendi.

━━━ QUESTIONS ━━━

● Vers 199-237. Comment La Fontaine conçoit-il l'âme des animaux? Le vers 222 n'introduit-il pas une pointe d'humour au milieu de ce développement philosophique? — Les idées de La Fontaine n'aboutissent-elles pas à une métaphysique de l'homme? Est-ce l'attitude d'un poète ou d'un philosophe dogmatique? Montrez que tout le passage, à la manière des mythes platoniciens, procède du souci de suggérer à l'aide d'images ou de symboles poétiques, plutôt que du désir d'imposer un système.

Hôtes de l'univers sous le nom d'animaux;
L'autre, encore une autre âme, entre nous et les anges
225   Commune en un certain degré;
   Et ce trésor à part créé
Suivrait parmi les airs les célestes phalanges,
Entrerait dans un point sans en être pressé[1],
Ne finirait jamais, quoique ayant commencé[2] :
230   Choses réelles, quoique étranges.
   Tant que l'enfance durerait,
Cette fille du ciel en nous ne paraîtrait
  Qu'une tendre et faible lumière :
L'organe étant plus fort[3], la raison percerait
235   Les ténèbres de la matière,
   Qui toujours envelopperait
  L'autre âme imparfaite et grossière.

---

1. Un *point* n'a pas d'étendue; 2. A son caractère immatériel, cette âme joindrait l'immortalité; 3. L'organisme se développant avec l'âge.

─────── **QUESTIONS** ───────

■ Sur l'ensemble du Discours. — Composition du *Discours* : marquez-en les différentes étapes, les articulations logiques essentielles. Soulignez la progression interne sensible : 1º dans le raisonnement lui-même; 2º dans la signification des exemples cités en illustration.

— La Fontaine poète didactique : mettez en évidence la clarté de la discussion qu'il présente; l'effort de vulgarisation; l'objectivité dans son exposé des thèses adverses. Montrez la volonté de construire un syncrétisme personnel cohérent à partir d'éléments empruntés à des systèmes différents.

— Le caractère philosophique et didactique du *Discours* vous paraît-il nuire à sa poésie? Appuyez-vous en particulier sur les vers 199-235.

— La pensée de La Fontaine : résumez rapidement la conclusion et appréciez-la; ne peut-on sentir dans cet exposé la séduction qu'exerce sur l'écrivain la doctrine de Gassendi? Le poète vous semble-t-il défendre la thèse de l'intelligence des animaux par sympathie personnelle pour ces derniers? par souci d'accorder la théorie avec ses observations? par conscience de l'importance de ce problème en général? Montrez sur ce point une volonté d'élargissement (vers 164-170), sans approfondir cependant.

LIVRE DIXIÈME

I. — L'HOMME ET LA COULEUVRE[1]

Un Homme vit une Couleuvre :
« Ah! méchante, dit-il, je m'en vais faire une œuvre
    Agréable à tout l'univers! »
    A ces mots, l'animal pervers
5   (C'est le Serpent que je veux dire,
Et non l'Homme : on pourrait aisément s'y tromper[2]),
A ces mots le Serpent, se laissant attraper,
Est pris, mis en un sac; et, ce qui fut le pire,
On résolut sa mort, fût-il coupable ou non.
10 Afin de le payer toutefois de raison[3],
      L'autre lui fit cette harangue :
« Symbole des ingrats! être bon aux méchants,
C'est être sot[4]; meurs donc : ta colère et tes dents

---

1. Au sens de serpent, en général; 2. Rapprochez du *Discours à Madame de La Sablière*, vers 96, page 73; 3. *Payer de raison* : donner de mauvaises raisons pour se justifier; 4. Comparez avec III, XIII, « *les Loups et les Brebis* », vers 25.

———— **QUESTIONS** ————

Fable I : **l'Homme et la Couleuvre.**

    SOURCE : *D'un Homme et d'une Couleuvre.* — [*Une couleuvre qu'un homme a sauvée du feu en lui jetant un sac, a cherché à tuer son sauveur. L'homme crie à l'ingratitude. Elle proteste. On prend la vache pour arbitre. La couleuvre lui demande*] comment il fallait reconnaître un bienfait. « Par son contraire, répondit la vache, selon la loi des hommes, et je sais cela par expérience. J'appartiens, ajouta-t-elle, à un homme qui tire de moi mille profits. Je lui donne tous les ans un veau, je fournis sa maison de lait, de beurre et de fromage, et à présent que je suis vieille et que je ne suis plus en état de lui faire du bien, il m'a mise dans ce pré pour m'engraisser, dans le dessein de me faire couper la gorge par un boucher à qui il m'a déjà vendue. » [*L'homme ayant récusé ce témoignage, on fait appel à l'arbre.*] L'arbre ayant appris le sujet de leur dispute, leur dit : « Parmi tous les hommes les bienfaits ne sont récompensés que par des maux, et je suis un triste exemple de leur ingratitude. Je garantis les passants de l'ardeur du soleil. Oubliant toutefois bientôt le plaisir que leur a fait mon ombrage, ils coupent mes branches, en font des bâtons et des manches de cognée et, par une horrible barbarie, ils scient mon tronc pour en faire des ais. N'est-ce pas là reconnaître un bienfait reçu? » [*L'homme demande un troisième arbitre. Passe un renard. Il s'étonne que la couleuvre ait pu entrer dans un si petit sac. Elle accepte d'en faire la preuve. Alors sur le conseil du renard*] l'homme lia le sac et le frappa tant de fois contre une pierre qu'il assomma la couleuve et finit par ce moyen la crainte de l'un et les disputes de l'autre (Pilpay, *le Livre des Lumières*).

● VERS 1-14. Appréciez la vivacité du début. Quel est l'intérêt de la parenthèse (vers 5-6)? — Quelle image de l'homme nous donnent les vers 9-10? — Étudiez la harangue (idées, ton, forme).

Ne me nuiront jamais. » Le Serpent, en sa langue,
15 Reprit du mieux qu'il put : « S'il fallait condamner
      Tous les ingrats qui sont au monde,
      A qui pourrait-on pardonner?
Toi-même, tu te fais ton procès : je me fonde
Sur tes propres leçons; jette les yeux sur toi.
20 Mes jours sont en tes mains, tranche-les; ta justice,
C'est ton utilité, ton plaisir, ton caprice :
      Selon ces lois, condamne-moi;
      Mais trouve bon qu'avec franchise
      En mourant au moins je te dise
25   Que le symbole des ingrats
Ce n'est point le Serpent, c'est l'Homme. » Ces paroles
Firent arrêter[1] l'autre; il recula d'un pas.
Enfin il repartit : « Tes raisons sont frivoles.
Je pourrais décider, car ce droit m'appartient[2];
30 Mais rapportons-nous-en[3]. — Soit fait[4], dit le Reptile. »
Une Vache était là : l'on l'appelle; elle vient :
Le cas est proposé. « C'était chose facile[5] :
Fallait-il pour cela, dit-elle, m'appeler?
La Couleuvre a raison : pourquoi dissimuler?
35 Je nourris celui-ci depuis longues années;
Il n'a sans mes bienfaits passé nulles journées :
Tout n'est que pour lui seul; mon lait et mes enfants
Le font à la maison revenir les mains pleines :
Même j'ai rétabli sa santé, que les ans
40   Avaient altérée; et mes peines
Ont pour but son plaisir ainsi que son besoin.
Enfin me voilà vieille; il me laisse en un coin
Sans herbe : s'il voulait encor me laisser paître!

---

1. S'arrêter (ellipse du pronom réfléchi devant un verbe pronominal à l'infinitif dépendant de *faire*); **2.** Voir VII, I, *les Animaux malades de la peste*, vers 41-42; **3.** *S'en rapporter* (verbe employé absolument) : s'en remettre à un arbitrage; **4.** (Qu'il) soit (ainsi) fait; **5.** Style indirect.

──────── **QUESTIONS** ────────

● Vers 14-26. La réponse du serpent : étudiez son argumentation. Sur quoi fonde-t-il le procès de l'homme? Montrez comment les mètres et le rythme se mettent au service de l'idée.

● Vers 27-46. Quel trait de caractère font apparaître les vers 28-29? — Analysez le discours de la vache : par quels traits l'ingratitude de l'homme est-elle soulignée? Quel effet produit le style noble (dont vous chercherez les indices) employé par la vache, comparé à la vulgarité suffisante de l'homme. — Étudiez le rythme des vers 42-46.

Mais je suis attachée; et si j'eusse eu pour maître
45 Un serpent, eût-il su jamais pousser si loin
L'ingratitude? Adieu : j'ai dit ce que je pense. »
L'Homme, tout étonné d'une telle sentence,
Dit au Serpent : « Faut-il croire ce qu'elle dit?
C'est une radoteuse; elle a perdu l'esprit.
50 Croyons ce Bœuf. — Croyons, dit la rampante bête. »
Ainsi dit, ainsi fait. Le Bœuf vient à pas lents.
Quand il eut ruminé tout le cas en sa tête,
    Il dit que du labeur des ans
Pour nous seuls il portait les soins[1] les plus pesants,
55 Parcourant sans cesser ce long cercle de peines
Qui, revenant sur soi[2], ramenait dans nos plaines
Ce que Cérès[3] nous donne, et vend aux animaux;
    Que cette suite de travaux
Pour récompense avait, de tous tant que nous sommes,
60 Force coups, peu de gré[4]; puis, quand il était vieux,
On croyait l'honorer chaque fois que les hommes
Achetaient de son sang l'indulgence des Dieux.
Ainsi parla le Bœuf. L'Homme dit : « Faisons taire
    Cet ennuyeux déclamateur;
65 Il cherche de grands mots, et vient ici se faire,
    Au lieu d'arbitre, accusateur.
Je le récuse aussi. » L'Arbre étant pris pour juge,
Ce fut bien pis encore. Il servait de refuge[5]
Contre le chaud, la pluie, et la fureur des vents.
70 Pour nous seuls il ornait les jardins et les champs;
L'ombrage n'était pas le seul bien qu'il sût faire :
Il courbait sous les fruits. Cependant pour salaire
Un rustre l'abattait : c'était là son loyer[6],

---

1. *Soin* : souci; 2. Souvenir de Virgile, *Géorgiques*, II, 401 : « Le travail revient en cercle pour les laboureurs et l'année tournant sur elle-même suit les traces de ses pas »; 3. *Cérès* : déesse de l'Agriculture dans l'Antiquité; 4. *Gré* : reconnaissance; 5. Style indirect; 6. *Loyer* : salaire, récompense.

— **QUESTIONS** —

● VERS 47-67. Montrez que la lente progression des idées dans le discours du bœuf correspond à l'allure même de l'animal. De ce point de vue, relevez certains aspects caractéristiques du style, mouvement et rythme notamment. — Est-ce le discours d'un *ennuyeux déclamateur*?

● VERS 67-83. Le discours de l'arbre a-t-il la même forme que les précédents? Son sens est-il différent malgré cela? — Montrez que l'argumentation est riche de suggestion poétique. — La vérité psychologique du dénouement : comment les vers 82-83 illustrent-ils la brutalité de l'homme?

Quoique, pendant tout l'an, libéral il nous donne,
75 Ou des fleurs au printemps, ou du fruit en automne,
L'ombre l'été, l'hiver les plaisirs du foyer.
Que ne l'émondait-on, sans prendre la cognée?
De[1] son tempérament, il eût encor vécu.
L'Homme, trouvant mauvais que l'on l'eût convaincu,
80 Voulut à toute force avoir cause gagnée.
« Je suis bien bon, dit-il, d'écouter ces gens-là! »
Du sac et du Serpent aussitôt il donna
            Contre les murs, tant qu'il tua la bête.

            On en use ainsi chez les grands :
85 La raison les offense[2]; ils se mettent en tête
Que tout est né pour eux, quadrupèdes et gens,
            Et serpents.
            Si quelqu'un desserre les dents,
C'est un sot[3]. — J'en conviens : mais que faut-il donc faire?
90   — Parler de loin, ou bien se taire.

---

1. *De* : grâce à; 2. Voir Rabelais, V, xxx : « Puis nous avertirent cordialement qu'eussions à épargner vérité, tant que possible nous serait, si voulions parvenir en cour de grands seigneurs »; 3. Brusque passage au style indirect. Comparez à VIII, ii, 45-46.

─────── QUESTIONS ───────

● Vers 84-90. Comment la moralité élargit-elle la portée de la fable? — Étudiez mètres et rythme du passage : quel effet en tire La Fontaine? Montrez comment dans les trois derniers vers s'établit une sorte de dialogue. Quels en sont les personnages? Ce procédé ne donne-t-il pas plus de piquant à la moralité?

■ Sur l'ensemble de la fable I. — Voyez-vous dans l'ampleur de cette fable une qualité ou un défaut?

— L'homme, d'après cette fable. Montrez qu'il ne se dément pas du début à la fin du récit. En quoi le choix qu'il fait des arbitres devait-il, à son avis, l'avantager?

— Comment peut-il être surpris de bonne foi (vers 47)?

— L'attitude de La Fontaine à l'égard de l'homme. Se retrouve-t-elle ailleurs dans les *Fables*? N'a-t-elle pas une résonance pascalienne?

II. — LA TORTUE ET LES DEUX CANARDS

Une Tortue était[1], à la tête légère,
Qui lasse de son trou, voulut voir le pays[2].
Volontiers on fait cas d'une terre étrangère;
Volontiers gens boiteux haïssent le logis.
5   Deux Canards, à qui la commère[3]
Communiqua ce beau dessein,
Lui dirent qu'ils avaient de quoi la satisfaire.
   « Voyez-vous ce large chemin?
Nous vous voiturerons[4], par l'air, en Amérique :
10   Vous verrez mainte république,
Maint royaume, maint peuple; et vous profiterez
Des différentes mœurs que vous remarquerez.
Ulysse en fit autant[5]. » On ne s'attendait guère
     De voir Ulysse en cette affaire.
15 La Tortue écouta la proposition.

---

1. Il était une tortue...; **2.** Nous dirions « voir du pays »; **3.** Familier; **4.** *Voiturer :* transporter; **5.** Parti d'Ithaque pour la guerre de Troie, Ulysse ne revit sa patrie qu'au bout de vingt ans.

■ QUESTIONS

Fable II : la **Tortue et les Deux Canards.**

SOURCE : *D'une Tortue et de deux Canards.* — [*Deux canards, contraints par la sécheresse à quitter leur étang, viennent faire leurs adieux à leur amie la tortue.*] « Ce n'est pas sans peine que nous nous éloignons de vous, mais nous y sommes obligés, et quant à ce que vous nous proposez de vous emmener, nous avons une trop longue traite à faire et vous ne pouvez pas nous suivre parce que vous ne sauriez voler; néanmoins, si vous nous promettez de ne rien dire en chemin, nous vous porterons; mais nous rencontrerons des gens qui vous parleront et cela sera cause de votre perte. — Non, répondit la tortue, je ferai tout ce qu'il vous plaira. » Alors les canards firent prendre à la tortue un petit bâton par le milieu, qu'elle serra bien fort entre ses dents et, lui recommandant ensuite de tenir ferme, deux canards prirent le bâton chacun par un bout et enlevèrent la tortue de cette façon. Quand ils furent au-dessus d'un village, les habitants, qui les virent, étonnés de la nouveauté de ce spectacle, se mirent à crier tous à la fois, ce qui faisait un charivari que la tortue écoutait impatiemment. A la fin, ne pouvant plus garder le silence, elle voulut dire : « Que les envieux aient les yeux crevés s'ils ne peuvent regarder! » Mais dès qu'elle ouvrit la bouche, elle tomba par terre et se tua (Pilpay, *le Livre des Lumières*).

● VERS 1-15. Étudiez le pittoresque dans les premiers vers. — Par quels procédés s'exprime la malice du poète? — Comment les canards rendent-ils leurs propositions alléchantes? — Qu'ont de plaisant l'allusion à Ulysse et la remarque qu'elle suggère au poète?

Marché fait, les Oiseaux forgent une machine[1]
      Pour transporter la pèlerine[2].
Dans la gueule, en travers, on lui passe un bâton.
« Serrez bien, dirent-ils, gardez[3] de lâcher prise. »
20 Puis chaque Canard prend ce bâton par un bout.
La Tortue enlevée, on s'étonne partout
      De voir aller en cette guise[4]
      L'animal lent et sa maison,
Justement[5] au milieu de l'un et l'autre oison[6].
25 « Miracle! criait-on : venez voir dans les nues
      Passer la reine des tortues.
— La reine! vraiment oui : je la suis en effet[7];
Ne vous en moquez point. » Elle eût beaucoup mieux fait
De passer son chemin sans dire aucune chose;
30 Car lâchant le bâton en desserrant les dents,
Elle tombe, elle crève aux pieds des regardants.
Son indiscrétion[8] de sa perte fut cause.

Imprudence, babil, et sotte vanité,
      Et vaine curiosité,
35   Ont ensemble étroit parentage[9].
      Ce sont enfants tous d'un lignage[10].

---

1. *Machine* : ici, moyen de transport; 2. *Pèlerine* : voyageuse; 3. Absence fréquente du pronom; 4. De cette manière; 5. Juste au milieu entre les deux oisons; 6. Terme approximatif; 7. *En effet* : réellement; 8. *Indiscrétion* : manque de jugement (comme *imprudence* au vers suivant); 9. *Parentage* : parenté (le mot vieillit à l'époque de La Fontaine); 10. *Lignage* : ensemble des descendants d'une même famille. Comme le précédent, le mot vieillit à l'époque de La Fontaine.

■ QUESTIONS

● Vers 16-32. La description de la *machine* n'est-elle pas humoristique? — Quel effet produisent les deux octosyllabes 22-23 encadrés par deux alexandrins? — Montrez la vérité des sentiments et du ton prêtés aux badauds d'abord, à la tortue ensuite. — Le rôle des mètres et du rythme aux vers 25-28. — Montrez que le dénouement est bref et brutal.

● Vers 33-36. Comment La Fontaine donne-t-il à sa morale une sévérité plus grande qu'à l'ordinaire?

■ Sur l'ensemble de la fable II. — Le ton de cette fable : a-t-on pitié de la tortue? Les canards sont-ils imprudents ou cruels? Quel effet produit l'intervention de l'auteur (vers 13-14)?

— L'évocation de la naïveté chez la tortue, chez les badauds.

IX. — LE BERGER ET LE ROI

Deux démons[1] à leur gré partagent notre vie,
Et de son patrimoine[2] ont chassé la raison;
Je ne vois point de cœur qui ne leur sacrifie :
Si vous me demandez leur état[3] et leur nom,
5 J'appelle l'un Amour, et l'autre, Ambition.
Cette dernière étend le plus loin son empire;
      Car même elle entre dans l'amour[4].
Je le ferais bien voir; mais mon but est de dire
Comme[5] un Roi fit venir un Berger à sa cour.
10 Le conte est du bon temps, non du siècle où nous sommes.
Ce Roi vit un troupeau qui couvrait tous les champs,
Bien broutant, en bon corps[6], rapportant tous les ans,
Grâce aux soins du Berger, de très notables sommes.
Le Berger plut au Roi par ces soins diligents.
15 « Tu mérites, dit-il, d'être pasteur de gens[7] :
Laisse-là tes moutons, viens conduire des hommes;
      Je te fais juge souverain[8]. »
Voilà notre berger la balance[9] à la main.
Quoiqu'il n'eût guère vu d'autres gens qu'un Ermite,
20 Son troupeau, ses mâtins, le loup, et puis c'est tout,
Il avait du bon sens; le reste vient ensuite :
      Bref, il en[10] vint fort bien à bout.
L'ermite son voisin accourut pour lui dire :
« Veillé-je? et n'est-ce point un songe que je vois?

---

1. *Démon :* esprit, génie; **2.** La raison a été chassée de ce qui était son bien : notre vie; **3.** *État :* condition sociale; **4.** « Les passions qui sont les plus convenables à l'homme, et qui en renferment beaucoup d'autres, sont l'amour et l'ambition; elles n'ont guère de liaison ensemble; cependant, on les allie assez souvent, mais elles s'affaiblissent l'une l'autre réciproquement, pour ne pas dire qu'elles se ruinent » (Pascal, *Discours sur les passions de l'amour*); **5.** *Comme :* comment; **6.** Sain et vigoureux; **7.** Expression homérique et biblique; **8.** *Juge souverain :* un juge dont les sentences sont sans appel; **9.** Emblème de la justice; **10.** *En* remplace l'idée exprimée au vers 16 : *conduire les hommes.*

———— QUESTIONS ————

Fable IX : le Berger et le Roi.

    Sources : 1° J.-B. Tavernier, *les Six Voyages* [...]; 2° *D'un Aveugle qui voyageait avec un de ses amis* (Pilpay, *le Livre des Lumières*).

● Vers 1-7. Analysez les idées morales contenues dans ce prologue. De quels procédés de tous ordres tire-t-il son ampleur?

● Vers 8-17. Appréciez la remarque malicieuse du vers 10. — Montrez que la succession logique des idées et des faits du vers 11 au vers 17 n'exclut pas le merveilleux du conte. — Quel rôle joue l'octosyllabe du vers 17?

25 Vous, favori! vous, grand! Défiez-vous des rois;
   Leur faveur est glissante : on s'y trompe; et le pire
   C'est qu'il en coûte cher : de pareilles erreurs
   Ne produisent jamais que d'illustres[1] malheurs[2].
   Vous ne connaissez pas l'attrait qui vous engage :
30 Je vous parle en ami; craignez tout. » L'autre rit,
        Et notre ermite poursuivit :
   « Voyez combien déjà la cour vous rend peu sage.
   Je crois voir cet Aveugle à qui, dans un voyage,
        Un Serpent engourdi de froid[3]
35 Vint s'offrir sous la main : il le prit pour un fouet;
   Le sien s'était perdu, tombant de sa ceinture.
   Il rendait grâce au ciel de l'heureuse aventure,
   Quand un passant cria : « Que tenez-vous? ô Dieux!
   « Jetez cet animal traître et pernicieux,
40 « Ce Serpent. — C'est un fouet. — C'est un Serpent, vous-
   « A me tant tourmenter quel intérêt m'oblige?   [dis-je.
   « Prétendez-vous garder ce trésor? — Pourquoi non?
   « Mon fouet était usé; j'en retrouve un fort bon :
        « Vous n'en parlez que par envie. »
45   L'Aveugle enfin ne le crut pas;
        Il en perdit bientôt la vie :
   L'animal dégourdi piqua son homme au bras.
        Quant à vous, j'ose vous prédire
   Qu'il vous arrivera quelque chose de pire.
50 — Eh! que me saurait-il arriver que[4] la mort?
   — Mille dégoûts[5] viendront, dit le prophète Ermite. »
   Il en vint en effet; l'Ermite n'eut pas tort.

---

   1. *Illustre* : éclatant; 2. L'allusion à Fouquet est probable. Passage à rapprocher de l'*Elégie pour Monsieur Fouquet* :
           Dans le palais des rois [...]
           On ne connaît que trop les jeux de la Fortune,
           Ses trompeuses faveurs, ses appâts inconstants;
           Mais on ne les connaît que quand il n'est plus temps.
3. Prononcez « froè »; 4. *Que* : si ce n'est; 5. Au pluriel, le mot signifie « déboires ».

QUESTIONS

● Vers 18-31. Montrez l'importance du vers 21 : n'exprime-t-il pas
la pensée profonde de La Fontaine? — Étudiez le ton familier de la
narration (vers 19-22). — Vérité et naturel dans les paroles de l'ermite
(vers 23-30). Quelle forme le poète donne-t-il à son avertissement?
Étudiez-en le rythme. — La brève notation *L'autre rit* (vers 30) n'est-elle
pas essentielle du point de vue psychologique et dramatique?
● Vers 32-51. Montrez que l'apologue du serpent et le personnage de
l'aveugle ont une valeur symbolique. Relevez les correspondances entre
le passage et les vers 24-30. — Étudiez la vie du dialogue (vers 39-44).

Mainte peste¹ de cour fit tant, par maint ressort²,
Que la candeur³ du juge, ainsi que son mérite,
55 Furent suspects au Prince. On cabale, on suscite
Accusateurs, et gens grevés⁴ par ses arrêts :
« De nos biens, dirent-ils, il s'est fait un palais. »
Le Prince voulut voir ces richesses immenses.
Il ne trouva partout que médiocrité⁵,
60 Louanges du désert et de la pauvreté⁶ :
            C'étaient là ses magnificences.
« Son fait⁷, dit-on, consiste en des pierres de prix :
Un grand coffre en est plein, fermé de dix serrures. »
Lui-même ouvrit ce coffre et rendit bien surpris
65   Tous les machineurs⁸ d'impostures.
Le coffre étant ouvert, on y vit des lambeaux,
            L'habit d'un gardeur de troupeaux,
Petit chapeau, jupon⁹, panetière¹⁰, houlette,
            Et je pense, aussi sa musette¹¹.
70 « Doux trésor, ce dit-il¹², chers gages¹³, qui jamais
N'attirâtes sur vous l'envie et le mensonge,
Je vous reprends : sortons de ces riches palais
            Comme l'on sortirait d'un songe !
Sire, pardonnez-moi cette exclamation :
75 J'avais prévu ma chute en montant sur le faîte.
Je m'y suis trop complu ; mais qui n'a dans la tête
            Un petit grain¹⁴ d'ambition ? »

1. *Peste* : personne malfaisante ; 2. *Ressort* : intrigue ; 3. *Candeur* : franchise, sincérité ; 4. *Grever* : léser ; 5. *Médiocrité* : juste mesure ; 6. Tournure très ramassée qu'on peut comprendre : témoignages éclatants et glorieux d'une vie pauvre et solitaire ; 7. Ici, sa fortune ; 8. Mot très rare : « machinateur » ; 9. *Jupon* : « espèce de grand pourpoint ou de petit justaucorps qui a de longues basques, qui ne serre point le corps, et qui est une espèce de veste propre pour l'été » (Furetière) ; 10. *Panetière* : panier à pain que les bergers portent en écharpe ; 11. *Musette* : cornemuse ; 12. C'est ce qu'il dit ; 13. *Gage* : objet déposé en garantie ; ici le mot a le sens plus vague de « témoin du passé » ; 14. Le *grain* était un très petit poids dont se servaient les pharmaciens (0,2 g).

─────── **QUESTIONS** ───────

● Vers 52-65. La cabale : comment La Fontaine peint-il ses efforts et son insistance ? Relevez les outrances de l'accusation. — Appréciez la force de l'expression *machineurs d'impostures* (vers 65).
● Vers 66-77. Montrez l'exactitude et la poésie dans le passage. — La sagesse du berger ne s'exprime-t-elle pas avec émotion et lyrisme ? — Montrez que les deux derniers vers terminent le conte par une note très humaine.
■ Sur l'ensemble de la fable IX. — Étudiez la composition de cette fable en montrant que l'apologue du serpent ne nuit pas à son unité. Poésie et naïveté dans cette fable.
— Comment La Fontaine insère-t-il ici la réalité dans le conte ?

XIII. — LES DEUX AVENTURIERS
ET LE TALISMAN

Aucun chemin de fleurs ne conduit à la gloire.
Je n'en veux pour témoin[1] qu'Hercule et ses travaux :
  Ce dieu n'a guère de rivaux;
J'en vois peu dans la Fable[2], encor moins dans l'Histoire.
5 En voici pourtant un, que de vieux talismans[3]
Firent chercher fortune au pays des romans[4].
  Il voyageait de compagnie[5].
Son camarade et lui trouvèrent un poteau
  Ayant au haut cet écriteau :
10 « Seigneur aventurier[6], s'il te prend quelque envie
« De voir ce que n'a vu nul chevalier errant,
  « Tu n'as qu'à passer ce torrent;
« Puis, prenant dans tes bras un éléphant de pierre
  « Que tu verras couché par terre,
15 « Le porter, d'une haleine, au sommet de ce mont
« Qui menace les cieux de son superbe[7] front. »
L'un des deux chevaliers saigna du nez[8]. « Si l'onde
  Est rapide autant que profonde,
Dit-il, et supposé qu'on la puisse passer,
20 Pourquoi de l'éléphant aller s'embarrasser?
  Quelle ridicule entreprise!
Le sage[9] l'aura fait par tel art et de guise[10]
Qu'on le pourra porter peut-être quatre pas :
Mais jusqu'au haut du mont! d'une haleine! il[11] n'est pas

---

1. Pour preuve; 2. Dans la mythologie; 3. *Talisman* : inscription magique ou objet doué d'un pouvoir magique; le mot a ici les deux sens; 4. Au pays des merveilles; 5. Avec un compagnon; 6. Aucune nuance péjorative dans ce mot; 7. *Superbe* : altier; 8. *Saigner du nez* : manquer de hardiesse, de courage (expression proverbiale); 9. Le magicien, auteur de l'inscription; 10. De telle manière; 11. *Il* (neutre) : cela.

QUESTIONS

Fable XIII : **les Deux Aventuriers et le Talisman.**
  Source : *Des deux Voyageurs et d'un Lion de pierre blanche* (Pilpay, *le Livre des Lumières*).

● Vers 1-4. Appréciez la beauté du premier vers. — L'art d'introduire la fable.

● Vers 5-16. Montrez que le contenu et le ton de l'écriteau sont en accord avec son caractère magique. — Examinez le mouvement des vers 13-16.

25 Au pouvoir d'un mortel ; à moins que la figure[1]
Ne soit d'un éléphant nain, pygmée, avorton,
          Propre à mettre au bout d'un bâton :
Auquel cas, où[2] l'honneur d'une telle aventure ?
On nous veut attraper dedans cette écriture ;
30 Ce sera quelque énigme à tromper un enfant :
C'est pourquoi je vous laisse avec votre éléphant. »
Le raisonneur parti, l'aventureux[3] se lance,
          Les yeux clos, à travers cette eau.
          Ni profondeur ni violence
35 Ne purent l'arrêter ; et, selon l'écriteau,
Il vit son éléphant couché sur l'autre rive.
Il le prend, il l'emporte, au haut du mont arrive,
Rencontre une esplanade, et puis une cité.
Un cri par l'éléphant est aussitôt jeté :
40   Le peuple aussitôt sort en armes.
Tout autre aventurier, au bruit de ces alarmes[4],
Aurait fui : celui-ci, loin de tourner le dos,
Veut vendre au moins sa vie et mourir en héros.
Il fut tout étonné d'ouïr cette cohorte
45 Le proclamer monarque au lieu de son roi mort.
Il ne se fit prier que de la bonne sorte[5],
Encore que le fardeau fût, dit-il, un peu fort.
Sixte[6] en disait autant quand on le fit saint-père :

---

1. *Figure :* statue ; 2. Forte ellipse du verbe ; 3. *Aventureux :* même sens qu'*aventurier* au vers 10 ; 4. *Alarme :* étymologiquement, appel aux armes ; 5. Par respect des convenances ; 6. *Sixte Quint*, pape de 1585 à 1590. Selon une légende, il se serait fait élire par le conclave, en laissant croire que son âge et ses infirmités ne lui permettraient guère de supporter longtemps les charges et les fatigues du pontificat. Élu pape, il aurait jeté ses béquilles ; il se montra en tout cas très actif.

——————— **QUESTIONS** ———————

● Vers 17-31. N'y a-t-il pas opposition comique entre le vers 17 et le passage qui précède ? — Quels arguments le chevalier oppose-t-il à l'entreprise ? Pourquoi La Fontaine les a-t-il accumulés ? Étudiez le rôle des mots tels que : *si, supposé que, pourquoi, peut-être, à moins que, auquel cas, ce sera.* — Appréciez l'humour du vers 31.

● Vers 32-43. La peinture de l'héroïsme : que veut exprimer la rapidité du passage ? Soulignez le contraste avec le mouvement lent du discours du premier chevalier. — Quelle valeur donnez-vous à l'enjambement du vers 42 ?

● Vers 44-51. L'art du dénouement : étudiez les réflexions malicieuses du poète. Que traduisent-elles de la psychologie de l'aventurier ?

50 (Serait-ce bien une misère[1]
Que d'être pape ou d'être roi?)
On reconnut bientôt son peu de bonne foi[2].

Fortune aveugle suit aveugle hardiesse[3].
Le sage quelquefois fait bien d'exécuter
Avant que de donner le temps à la sagesse
55 D'envisager le fait, et sans la consulter.

XIV. — LES LAPINS

DISCOURS A M. LE DUC DE LA ROCHEFOUCAULD[4]

Je me suis souvent dit, voyant de quelle sorte
L'homme agit, et qu'il[5] se comporte,
En mille occasions comme les animaux :
« Le Roi de ces gens-là[6] n'a pas moins de défauts
5 Que ses sujets; et la nature
A mis dans chaque créature

---

1. *Misère* : malheur; 2. Il s'agit de Sixte Quint; 3. Idée reprise aux Anciens. Comparez avec Virgile, *Enéide*, X, 284 : « La fortune seconde les audacieux »; 4. François VI, duc de La Rochefoucauld, l'auteur des *Maximes*; 5. Coordination de deux propositions impossible en français moderne; 6. C'est l'homme.

——— ● QUESTIONS ———

● Vers 52-55. La moralité est-elle conforme à l'optique habituelle du poète? N'y a-t-il pourtant pas une sagesse dans ce précepte opposé à la sagesse?

■ Sur l'ensemble de la fable XIII. — La saveur orientale et le merveilleux dans cette fable.

— Comment La Fontaine a-t-il ménagé l'intérêt du lecteur tout au long de cette fable?

— Qu'y a-t-il d'épique dans ce récit?

Fable XIV : **les Lapins** (*Discours à M. le Duc de La Rochefoucauld*).

Source : *Du rapport des hommes avec les animaux* (La Rochefoucauld, *Réflexions diverses*).

● Vers 1-9. Expliquez l'idée essentielle de ce prologue, et montrez que La Fontaine insiste sur la valeur psychologique de ses fables. A quelle théorie se réfère-t-il pour justifier la ressemblance entre les hommes et les animaux?

Quelque grain[1] d'une masse où puisent les esprits :
J'entends les esprits-corps, et pétris de matière[2]. »
       Je vais prouver ce que je dis.

10 A l'heure de l'affût, soit lorsque la lumière
Précipite ses traits dans l'humide séjour[3],
Soit lorsque le soleil rentre dans sa carrière[4],
Et que, n'étant plus nuit, il n'est pas encor jour,
Au bord de quelque bois sur un arbre je grimpe,
15 Et, nouveau Jupiter, du haut de cet Olympe,
       Je foudroie, à discrétion[5],
       Un lapin qui n'y pensait guère.
Je vois fuir aussitôt toute la nation
       Des lapins, qui, sur la bruyère,
20   L'œil éveillé, l'oreille au guet,
S'égayaient, et de thym parfumaient leur banquet.
       Le bruit du coup fait que la bande
       S'en va chercher sa sûreté
       Dans la souterraine cité :
25 Mais le danger s'oublie, et cette peur si grande
       S'évanouit bientôt ; je revois les lapins,
Plus gais qu'auparavant, revenir sous mes mains.
Ne reconnaît-on pas en cela les humains ?
       Dispersés par quelque orage,
30   A peine ils touchent le port
       Qu'ils vont hasarder[6] encor
       Même vent, même naufrage ;
       Vrais lapins, on les revoit
       Sous les mains de la Fortune.
35 Joignons à cet exemple, une chose commune.

---

1. Voir page 88, note 14 ; **2.** Cette théorie a été exposée par La Fontaine dans le *Discours à Madame de La Sablière* (voir IX, XXI, vers 199-fin) ; **3.** Le soleil semble plonger dans la mer ; **4.** Le char du soleil reprend sa course ; **5.** A volonté ; **6.** *Hasarder* : s'exposer au risque de (emploi rare dans ce sens).

QUESTIONS

● Vers 10-27. Analysez les qualités qui donnent à cette évocation sa justesse et son charme poétique. Montrez que La Fontaine évoque des silhouettes caractérisées en quelques traits physiques. Comment se marque le mouvement (vers 15-27) ? — Par quels procédés La Fontaine a-t-il peint l'étourderie des lapins ? Étudiez mètres et rythme.

● Vers 28-34. Avec quelle image et sur quel ton le poète peint-il l'étourderie humaine ? Quel est l'effet produit par le mètre utilisé ?

LA ROCHEFOUCAULD

D'après un dessin du XVIIe siècle.
(Bibl. nat., cabinet des Estampes.)

Quand des chiens étrangers passent par quelque endroit,
Qui n'est pas de leur détroit[1],
Je laisse à penser quelle fête!
Les chiens du lieu, n'ayant en tête
40 Qu'un intérêt de gueule[2], à cris, à coups de dents,
Vous accompagnent ces passants
Jusqu'aux confins du territoire.
Un intérêt de biens, de grandeur, et de gloire[3],
Aux gouverneurs d'états[4], à certains courtisans,
45 A gens de tous métiers, en fait tout autant faire.
On nous voit tous, pour l'ordinaire,
Piller[5] le survenant, nous jeter sur sa peau.
La coquette et l'auteur sont de ce caractère[6] :
Malheur à l'écrivain nouveau!
50 Le moins de gens qu'on peut à l'entour du gâteau[7],
C'est le droit du jeu, c'est l'affaire[8].
Cent exemples pourraient appuyer mon discours;
Mais les ouvrages les plus courts
Sont toujours les meilleurs[9]. En cela j'ai pour guide
55 Tous les maîtres de l'art, et tiens qu'il faut laisser
Dans les plus beaux sujets quelque chose à penser :
Ainsi ce discours doit cesser.

Vous qui m'avez donné ce qu'il a de solide,
Et dont la modestie égale la grandeur,
60 Qui ne pûtes jamais écouter sans pudeur[10]
La louange la plus permise,
La plus juste et la mieux acquise;
Vous enfin, dont à peine ai-je encore obtenu

---

1. *Détroit :* ressort (terme juridique), doublet de « district »; 2. Ils ne songent qu'à défendre leur nourriture; 3. *Gloire :* amour-propre, vanité; 4. De provinces; 5. *Piller :* en parlant des chiens, se jeter sur les animaux ou les personnes; 6. Cette idée se retrouve dans *Psyché*, II; 7. Rapprochez de l'expression « avoir sa part de gâteau »; 8. C'est la règle du jeu, c'est l'important; 9. Idée déjà exprimée dans l'Épilogue du livre VI, vers 2-4; 10. *Pudeur :* confusion

--------- **QUESTIONS** ---------

● Vers 35-42. Montrez comment, dans l'exemple des chiens, les mots suggèrent l'application aux humains. — Pourquoi, dans ce discours adressé à La Rochefoucauld, La Fontaine emploie-t-il le mot *intérêt*?

● Vers 43-57. Le pessimisme de La Fontaine : à quels domaines emprunte-t-il ses exemples? — L'habileté de la fin : quelles idées littéraires La Fontaine reprend-il?

Que votre nom reçût ici quelques hommages,
65 Du temps et des censeurs défendant mes ouvrages[1],
Comme un nom qui, des ans[2] et des peuples connu,
Fait honneur à la France, en grands noms plus féconde
    Qu'aucun climat de l'univers,
Permettez-moi du moins d'apprendre à tout le monde
70 Que vous m'avez donné le sujet de ces vers.

XV. — LE MARCHAND, LE GENTILHOMME, LE PÂTRE ET LE FILS DE ROI

    Quatre chercheurs de nouveaux mondes,
Presque nus échappés à la fureur des ondes,
Un Trafiquant, un Noble, un Pâtre, un Fils de roi,
    Réduits au sort de Bélisaire[3],
5   Demandaient aux passants de quoi
    Pouvoir soulager leur misère.
De raconter quel sort les avait assemblés,

---

1. Votre nom qui défend...; 2. La Rochefoucauld porte un nom de vieille noblesse, grandi encore par son talent d'écrivain; 3. « Bélisaire était un grand capitaine qui, ayant commandé les armées de l'empereur (Justinien) et perdu les bonnes grâces de son maître, tomba dans un tel point de misère qu'il demandait l'aumône sur les grands chemins » (note de La Fontaine). Mais cela n'est qu'une légende.

————— **QUESTIONS** —————

● VERS 58-70. De quelles qualités de La Rochefoucauld La Fontaine fait-il ici l'éloge? Étudiez le ton du morceau.

■ SUR L'ENSEMBLE DE LA FABLE XIV. — Composition de cette fable. En quoi est-elle un exemple de la « diversité » chez La Fontaine?

— Comment, dans la fable *les Lapins*, l'auteur allie-t-il l'humour et la poésie? Quel est l'effet produit?

— L'art : montrez l'habileté du poète à évoquer le mouvement, à faire surgir avec quelques détails un animal.

— La Fontaine poète de Cour dans les derniers vers : aisance, modération dans l'éloge.

Fable XV : **le Marchand, le Gentilhomme, le Pâtre et le Fils de Roi.**

    SOURCE : P. Poussines, *Specimen sapientiae Indorum veterum*, p. 616.

● VERS 1-11. Analysez les qualités poétiques des deux premiers vers — La Fontaine ne reconnaît-il pas habilement aux vers 7-9 le caractère artificiel de la rencontre des quatre personnages? — Montrez que la fable commence sur un ton élevé, dans un style noble.

Quoique sous divers points¹ tous quatre ils fussent nés,
    C'est un récit de longue haleine.
10 Ils s'assirent enfin au bord d'une fontaine :
    Là le conseil se tint entre les pauvres gens.
    Le Prince s'étendit sur le malheur des grands.
    Le Pâtre fut d'avis qu'éloignant la pensée
        De leur aventure passée,
15 Chacun fît de son mieux, et s'appliquât au soin
        De pourvoir au commun besoin.
  « La plainte, ajouta-t-il, guérit-elle son homme?
Travaillons : c'est de quoi nous mener jusqu'à Rome². »
Un pâtre ainsi parler! Ainsi parler³; croit-on
20 Que le Ciel n'ait donné qu'aux têtes couronnées
    De l'esprit et de la raison;
    Et que de tout berger, comme de tout mouton,
        Les connaissances soient bornées?
  L'avis de celui-ci fut d'abord⁴ trouvé bon
25 Par les trois échoués aux bords de l'Amérique.
  L'un (c'était le Marchand) savait l'arithmétique :
  « A tant par mois, dit-il, j'en donnerai leçon.
    — J'enseignerai la politique »,
Reprit le Fils de roi. Le Noble poursuivit :
30 « Moi, je sais le blason⁵, j'en veux tenir école.
Comme si, devers⁶ l'Inde, on eût eu dans l'esprit
La sotte vanité de ce jargon frivole!

---

1. Sous des points opposés. En astronomie, le *point* est la position précise de l'astre observé. Pour les astrologues, cette position, au moment de la naissance, détermine l'avenir de l'homme et sa condition; **2.** Atteindre le but (expression populaire : « Tous les chemins mènent à Rome »); **3.** Au doute exprimé succède une réponse affirmative; **4.** *D'abord :* aussitôt; **5.** *Le blason :* les armoiries et leur signification; **6.** Du côté de l'Inde occidentale, de l'Amérique.

━━━ QUESTIONS ━━━

● Vers 12-19. Montrez la justesse du vers 12. Analysez la pointe d'humour qu'y met La Fontaine. — Opposez les paroles du pâtre; qu'a-t-il en vue? Montrez qu'il a un esprit positif. En quoi son langage, dont vous étudierez les caractéristiques, en est-il une preuve?

● Vers 19-25. Comparez les réflexions du poète à la fable *le Berger et le Roi* (X, ix, p. 86). Montrez leur humour. L'incrédulité du vers 19 n'a-t-elle pas quelque vraisemblance dans l'esprit d'un lecteur du xviie siècle en particulier? — Valeur poétique du vers 25.

● Vers 26-32. Soulignez le manque de réalisme des trois personnages. Comment se traduit-il? Pourquoi la sévérité de La Fontaine s'applique-t-elle plus particulièrement au noble? Montrez que la situation sociale des personnages explique leurs illusions.

Le Pâtre dit : « Amis, vous parlez bien ; mais quoi ?
Le mois a trente jours : jusqu'à cette échéance
35   Jeûnerons-nous par votre foi[1] ?
      Vous me donnez une espérance
Belle, mais éloignée ; et cependant[2] j'ai faim.
Qui pourvoira de nous au dîner[3] de demain ?
      Ou plutôt sur quelle assurance
40 Fondez-vous, dites-moi, le souper d'aujourd'hui ?
      Avant tout autre, c'est celui
      Dont il s'agit. Votre science
Est courte là-dessus : ma main y suppléera. »
      A ces mots, le Pâtre s'en va
45 Dans un bois : il y fit des fagots, dont la vente,
Pendant cette journée et pendant la suivante,
Empêcha qu'un long jeûne à la fin ne fît tant
Qu'ils allassent là-bas[4] exercer leur talent.
      Je conclus de cette aventure
50 Qu'il ne faut pas tant d'art[5] pour conserver ses jours ;
      Et, grâce aux dons de la nature,
La main est le plus sûr et le plus prompt secours.

---

1. En nous fiant à vos assurances ; 2. *Cependant* : pendant ce temps ; 3. *Le dîner* : le repas de midi ; *le souper* (vers 40) : le repas du soir ; 4. Chez les morts ; 5. *Art* : ici, science ; opposez à *nature* (vers suivant).

——— **QUESTIONS** ———

● Vers 33-48. Analysez le discours du pâtre : montrez sa familiarité, son réalisme. Par quels procédés souligne-t-il l'urgence d'une solution ? Quelle remarque vous suggère l'emploi de *trente jours, demain, aujourd'hui* ? La Fontaine ne laisse-t-il pas percer son humour dans tout le passage (rôle du rythme) ? Comment l'auteur met-il en relief l'esprit d'entreprise et l'efficacité du personnage ?

● Vers 49-52. Quelle philosophie exprime la moralité ? Comparez cette conclusion aux vers 20-21 de la fable *le Berger et le Roi* (X, IX).

■ Sur l'ensemble de la fable XV. — L'art des nuances dans cette fable : comment La Fontaine conserve-t-il le langage et le comportement propres à chacun des protagonistes ?

— Peut-on considérer cette fable comme une critique sociale ? Montrez que les conditions dans lesquelles sont placés les personnages sont assez particulières.

LIVRE ONZIÈME

III. — LE FERMIER, LE CHIEN ET LE RENARD

Le Loup et le Renard sont d'étranges voisins :
Je ne bâtirai point autour de leur demeure.
     Ce dernier guettait à toute heure
Les poules d'un Fermier; et, quoique des plus fins,
5 Il n'avait pu donner d'atteinte à la volaille.
D'une part l'appétit, de l'autre le danger,
N'étaient pas au[1] compère un embarras léger.
    « Hé quoi! dit-il, cette canaille[2]
    Se moque impunément de moi?
10   Je vais, je viens, je me travaille[3],
J'imagine cent tours : le rustre[4], en paix chez soi
Vous fait argent de tout, convertit en monnaie
Ses chapons, sa poulaille[5], il en a même au croc[6];
Et moi, maître passé[7], quand j'attrape un vieux coq,
15   Je suis au comble de la joie!
Pourquoi sire Jupin[8] m'a-t-il donc appelé
Au métier[9] de renard? Je jure les puissances

---

1. Emploi de la préposition *à* au sens de « pour »; 2. *Canaille* : terme de mépris, désignant habituellement les petites gens; 3. *Se travailler* : faire des efforts, se donner du mal; 4. *Rustre* : paysan; 5. Mot populaire qui ne se trouve dans aucun dictionnaire du temps; 6. On y suspend la viande à conserver; 7. *Maître-passé* : passé maître, donc habile en son art; 8. *Sire Jupin* : seul le premier terme donne à l'expression une nuance familière; 9. *Métier* : état.

━━━━━━━ **QUESTIONS** ━━━━━━━

Fable III : le Fermier, le Chien et le Renard.

SOURCE : *Le Père de famille qui reprochait à son Chien d'avoir laissé prendre ses Poules.* Un père de famille, ayant oublié de fermer l'abri dans lequel ses poules passaient la nuit, au lever du jour trouva que le renard les avait toutes tuées et emportées. Indigné contre son chien comme s'il avait mal gardé son bien, il l'accablait de coups. Le chien lui dit : « Si toi, à qui tes poules donnaient des œufs et des poussins, tu as été négligent à fermer ta porte, quoi d'étonnant à ce que moi, qui n'en tire aucun profit, enseveli dans un profond sommeil, je n'aie pas entendu venir le renard? » Cette fable veut dire qu'il ne faut attendre des serviteurs de la maison aucune diligence, si le maître lui-même est négligent (Abstémius, fable CXLIX).

● VERS 1-18. Qu'ont d'original les deux premiers vers? — Étudiez la psychologie du renard : montrez que l'amour-propre en est le ressort principal. — L'évocation pittoresque de la vie rustique dans les vers 11-13. — Quel ton donnent au discours les vers 16-18?

De l'Olympe et du Styx[1], il en sera parlé. »

      Roulant en son cœur ces vengeances,

20 Il choisit une nuit libérale en pavots[2] :

Chacun était plongé dans un profond repos ;

Le maître du logis, les valets, le chien même,

Poules, poulets, chapons, tout dormait. Le Fermier,

      Laissant ouvert son poulailler,

25   Commit une sottise extrême.

Le voleur tourne tant qu'il entre au lieu guetté,

      Le dépeuple, remplit de meurtres la cité.

      Les marques de sa cruauté

30 Parurent avec l'aube : on vit un étalage

      De corps sanglants et de carnage.

      Peu s'en fallut que le soleil

Ne rebroussât d'horreur vers le manoir liquide[3].

      Tel, et d'un[4] spectacle pareil,

Apollon irrité contre le fier Atride[5]

35 Joncha son camp de morts ! on vit presque détruit

L'ost[6] des Grecs ; et ce fut l'ouvrage d'une nuit.

      Tel encore autour de sa tente

      Ajax, à l'âme impatiente[7],

De moutons et de boucs fit un vaste débris[8],

40 Croyant tuer en eux son concurrent Ulysse

      Et les auteurs de l'injustice

      Par qui l'autre emporta le prix.

Le Renard, autre Ajax[9], aux volailles funeste,

---

1. Formule de serment redoutable, habituellement réservée aux dieux, qui prend à témoin les divinités célestes et infernales ; 2. « Les poètes disent les pavots du sommeil pour dire l'assoupissement, le sommeil même » (*Dictionnaire de l'Académie*) ; 3. *Manoir liquide* : la mer. Allusion au festin de Thyeste auquel Atrée avait servi le corps de ses deux fils : épouvanté, le soleil rebrousse chemin et replonge dans l'océan ; 4. *De* : avec (manière) ; 5. Souvenir de l'*Iliade* (chant I) : Agamemnon est châtié par Apollon pour avoir refusé de rendre Chryséis, sa captive, à son père Chrysès, prêtre du dieu ; 6. *Ost* : armée (vieux mot) ; 7. *A l'âme impatiente* : incapable de supporter la douleur, fou de rage ; 8. *Débris* : carnage ; 9. Souvenir de Sophocle (*Ajax*) et d'Ovide (*Métamorphoses*). Les armes d'Achille ayant été attribuées à Ulysse, Ajax égorge des troupeaux, croyant tuer ses ennemis.

■ QUESTIONS

● Vers 19-44. Montrez avec quelle poésie La Fontaine évoque le silence de la ferme endormie. — Étudiez l'ordre des termes (vers 22-23). — Analysez les différents éléments épiques (vers 26-44). Expliquez comment ils sont utilisés dans une intention burlesque. Montrez que l'allusion à Ajax : 1º est appelée par ce qui précède ; 2º maintient le ton épique ; 3º permet, en jouant sur le thème antique, de retrouver sans hiatus le renard et son carnage.

Emporte ce qu'il peut, laisse étendu le reste.
45 Le Maître ne trouva de recours qu'à crier
Contre ses gens, son Chien : c'est l'ordinaire usage.
« Ah! maudit animal, qui n'es bon qu'à noyer,
Que n'avertissais-tu dès l'abord[1] du carnage? »
— Que ne l'évitiez-vous? c'eût été plus tôt fait :
50 Si vous, Maître et Fermier, à qui touche[2] le fait,
Dormez sans avoir soin que la porte soit close,
Voulez-vous que moi, Chien, qui n'ai rien[3] à la chose,
Sans aucun intérêt je perde le repos? »
          Ce Chien parlait très à propos :
55   Son raisonnement pouvait être
          Fort bon dans la bouche d'un maître;
          Mais, n'étant que d'un simple chien,
          On trouva qu'il ne valait rien :
          On vous sangla[4] le pauvre drille[5].

60 Toi donc, qui que tu sois, ô père de famille[6]
(Et je ne t'ai jamais envié cet honneur),
T'attendre aux[7] yeux d'autrui quand tu dors, c'est erreur.
Couche-toi le dernier, et vois fermer ta porte.
          Que si quelque affaire t'importe,
65   Ne la fais point par procureur[8].

---

1. *Dès l'abord* : aussitôt, immédiatement; 2. *Toucher à* : concerner; 3. Aucun intérêt; 4. *Sangler* : frapper à coups de sangle (familier); 5. *Drille* : méchant soldat, puis pauvre diable; 6. *Père de famille* : maître de maison (sens archaïque); 7. *S'attendre à* : se fier à; 8. Par personne interposée (rapprochez de l'expression « par procuration »).

■ **QUESTIONS** ■

● VERS 45-59. La vérité psychologique dans les vers 45-48. Analysez la logique irréfutable du chien. La satire dans les réflexions du poète (vers 54-59). Étudiez la force d'évocation du vers 59.

● VERS 60-65. Qu'y a-t-il d'habile et de direct dans la manière de présenter la morale? Quelle confidence La Fontaine nous glisse-t-il au passage? Quelle en est la portée réelle?

■ SUR L'ENSEMBLE DE LA FABLE III. — Le don de la parodie. Montrez en particulier la fusion parfaite des différents éléments et l'aisance avec laquelle le fabuliste passe d'un ton à l'autre.

— Mètres, rythme et sonorités au service de l'expression des idées.

— Comparez cette fable à l'*Œil du Maître* (IV, XXI) et à l'*Alouette et ses Petits avec le Maître d'un champ* (IV, XXII).

IV — LE SONGE D'UN HABITANT DU MOGOL

Jadis certain Mogol vit en songe un Vizir
Aux champs Élysiens[1] possesseur d'un plaisir
Aussi pur qu'infini tant en prix qu'en durée :
Le même songeur[2] vit en une autre contrée
5   Un Ermite entouré de feux[3],
Qui touchait de pitié même les malheureux[4].
Le cas parut étrange, et contre l'ordinaire :
Minos[5] en ces deux morts semblait s'être mépris.
Le dormeur s'éveilla, tant il en fut surpris.
10 Dans ce songe pourtant soupçonnant du mystère,
        Il se fit expliquer l'affaire.
L'interprète lui dit : « Ne vous étonnez point;
Votre songe a du sens; et, si j'ai sur ce point
        Acquis tant soit peu d'habitude,
15 C'est un avis des Dieux. Pendant l'humain séjour[6],
Ce vizir quelquefois cherchait la solitude;
Cet Ermite aux Vizirs allait faire sa cour. »

Si j'osais ajouter au mot de l'interprète,
J'inspirerais ici l'amour de la retraite :

---

1. *Champs Élysiens* ou *Champs Élysées :* expression mythologique qui désigne ici le séjour des bienheureux; 2. *Songeur :* qui fait un songe; 3. Il s'agit des flammes de l'Enfer; 4. Ici, les damnés; 5. Le premier des trois juges infernaux; 6. Pendant la vie terrestre, parmi les hommes.

QUESTIONS

Fable IV : le Songe d'un habitant du Mogol.

SOURCES : 1⁰ Sadi, *Gulistan ou l'Empire des Roses*, traduit par André du Ryer (1634);

2⁰ Virgile, *les Géorgiques*, II, vers 475-477 et 483-489. Pour moi, puissent avant tout les Muses, dont je célèbre le culte, que j'aime d'un immense amour, me faire accueil, me montrer les voies du ciel et les constellations [...] Mais si je ne puis aborder ces régions de la nature, empêché que je suis par le sang trop froid qui circule autour de mon cœur, puissé-je me plaire aux campagnes, aux ruisseaux qui arrosent les vallées, puissé-je aimer les fleuves et les forêts, sans gloire! Oh! où sont les plaines du Sperchius et le Taygète où dansent leurs bacchanales les vierges de Laconie! Oh! qui m'arrêtera dans les fraîches vallées de l'Hémus, qui m'abritera sous l'ombre immense de leurs rameaux?

● VERS 1-17. Le récit ne vous paraît-il pas moins vivant qu'à l'ordinaire? Pourquoi? — Étudiez l'art d'évoquer la béatitude du vizir et le châtiment de l'ermite. — Comment La Fontaine pique-t-il la curiosité du lecteur? — Montrez que le paradoxe du songe n'est qu'apparent et débouche sur une satire. — Que peuvent représenter à l'époque de La Fontaine le vizir et surtout l'ermite?

20 Elle offre à ses amants des biens sans embarras,
   Biens purs, présents du Ciel, qui naissent sous les pas.
   Solitude, où je trouve une douceur secrète,
   Lieux que j'aimai toujours, ne pourrai-je jamais,
   Loin du monde et du bruit, goûter l'ombre et le frais?
25 Oh! qui m'arrêtera[1] sous vos sombres asiles?
   Quand pourront les neuf Sœurs[2], loin des cours et des villes,
   M'occuper tout entier et m'apprendre des cieux
   Les divers mouvements inconnus à nos yeux,
   Les noms et les vertus de ces clartés errantes[3]
30 Par qui sont nos destins et nos mœurs différentes[4]!
   Que si[5] je ne suis né pour de si grands projets,
   Du moins que les ruisseaux m'offrent de doux objets[6]!
   Que je peigne en mes vers quelque rive fleurie!
   La Parque à filets d'or[7] n'ourdira[8] point ma vie,
35 Je ne dormirai point sous de riches lambris :
   Mais voit-on que le somme en perde de son prix?
   En est-il moins profond et moins plein de délices?
   Je lui voue au désert de nouveaux sacrifices.
   Quand le moment viendra d'aller trouver les morts,
40 J'aurai vécu sans soins[9] et mourrai sans remords.

---

1. *Arrêter* : retenir; 2. Les Muses; 3. Les planètes; 4. L'accord de l'adjectif avec deux noms de genre différent se fait avec le dernier, au féminin; 5. *Que si* : mais si; 6. *Objet* : vue, spectacle; 7. Avec des fils d'or (complément de manière, inversé); 8. *Ourdir* : disposer sur le métier les fils de la chaîne pour faire un tissu; 9. *Soin* : souci.

─────── **QUESTIONS** ───────────────

● Vers 18-40. Quels charmes La Fontaine trouve-t-il à la solitude? — Montrez que tout concourt à donner une impression de sincérité (vers 20-26). — Quels sont les genres d'inspiration définis aux vers 26-33? — Comment La Fontaine conçoit-il le bonheur? Quel jugement portez-vous sur cette philosophie, telle qu'elle apparaît notamment au vers 40?

■ Sur l'ensemble de la fable IV. — Montrez que cette fable est originale : sur quoi débouche en réalité le récit du début? Le lyrisme personnel : ses marques, l'accent de sincérité qui lui donne sa valeur.

— Le mélange d'émotion, d'ironie légère et d'humour. Montrez que ces deux dernières notations sont destinées essentiellement à apporter de la discrétion.

— Le thème de la solitude : est-il original? Rapprochez cette fable du texte de Virgile cité dans les Sources, page 101. Comment La Fontaine le fait-il sien ici?

VII. — LE PAYSAN DU DANUBE

Il ne faut point juger des gens sur l'apparence.
Le conseil en[1] est bon, mais il n'est pas nouveau.
    Jadis l'erreur du Souriceau[2]
Me servit à prouver le discours[3] que j'avance :
5   J'ai, pour le fonder à présent,
Le bon Socrate[4], Ésope[5], et certain paysan
Des rives du Danube, homme dont Marc Aurèle[6]
    Nous fait un portrait fort fidèle.
On connaît les premiers : quant à l'autre, voici
10   Le personnage en raccourci.
Son menton nourrissait une barbe touffue;
    Toute sa personne velue
Représentait[7] un ours, mais un ours mal léché[8] :
Sous un sourcil épais il avait l'œil caché,

---

1. Remplace l'idée exprimée par le premier vers; **2.** Dans la fable *le Cochet, le Chat et le Souriceau* (VI, v); **3.** *Discours* : thèse; **4.** Alcibiade, dans *le Banquet* de Platon, compare Socrate à ces figurines grotesques qui servent à contenir des parfums exquis. Voir aussi Rabelais, *Gargantua*, Prologue; **5.** Ésope était difforme; **6.** Dans *l'Horloge des Princes*, de Guevara, où l'on la trouve pour la première fois, cette histoire est mise dans la bouche de l'empereur Marc Aurèle. Cette anecdote a sans doute été connue par La Fontaine dans le texte d'un compilateur, Cassandre, auteur de *Parallèles historiques* (voir Source, en bas de la page); **7.** *Représenter* : rappeler; **8.** Voir VIII, x, *l'Ours et l'Amateur des Jardins*, vers 1.

━━━ QUESTIONS ━━━

Fable VII : **le Paysan du Danube.**

    Source : Il avait le visage petit et basané, de grosses lèvres, les yeux enfoncés dans la tête et presque tout cachés sous les sourcils, une grande barbe épaisse, les cheveux hérissés, l'estomac et le cou velus comme un ours. Du reste la tête nue, un bâton à la main, des souliers de cuir de porc-épic et pour habit, un saye de poil de chèvre lié d'une ceinture de joncs marins. Je vous avoue que, quand je le vis entrer, je le prenais pour une bête sous la figure d'un homme (Cassandre, *Parallèles historiques*, p. 434).

    [...] Ne vous imaginez pas, Romains, à cause que vous vous êtes rendus maîtres de notre Germanie, que ç'ait été par votre valeur et pour n'avoir pas vos pareils à la guerre. Car je vous déclare que vous n'êtes ni plus courageux, ni plus hardis, ni plus vaillants que nous; mais bien, comme nous avions offensé nos dieux et qu'ils voulaient nous châtier, par un jugement qui nous est caché ils ordonnèrent que vous seriez nos cruels bourreaux [...]. Et pour dire la vérité, ce ne furent point les armes de Rome qui vous firent avoir la victoire, mais les torts de la Germanie. Je tiens pour certain, vu les cruautés que vous nous avez fait souffrir, que vous les paierez tôt ou tard; et en ce cas-là il pourrait arriver que vous, qui à présent nous traitez d'esclaves, à votre tour vous nous reconnaissiez comme vos maîtres (*id.*, p. 451).

● Vers 1-22. Caractérisez le ton des dix premiers vers. — Le portrait du paysan : quelle impression produit-il? Grâce à quels procédés? Étudiez notamment vocabulaire, mètres, rythme et sonorités. — Montrez que les vers 19-21 introduisent un sujet que n'impliquait pas la moralité du premier vers.

15 Le regard de travers, nez tortu, grosse lèvre,
   Portait sayon[1] de poil de chèvre,
   Et ceinture de joncs marins.
 Cet homme ainsi bâti[2] fut député des villes
 Que lave le Danube. Il n'était point d'asiles
20   Où l'avarice[3] des Romains
 Ne pénétrât alors, et ne portât les mains.
 Le député vint donc, et fit cette harangue :
 « Romains, et vous Sénat assis pour m'écouter,
 Je supplie avant tout les Dieux de m'assister[4] :
25 Veuillent les Immortels, conducteurs de ma langue,
 Que je ne dise rien qui doive être repris !
 Sans leur aide, il ne peut entrer dans les esprits
   Que tout mal et toute injustice :
 Faute d'y recourir, on viole leurs lois.
30 Témoin[5] nous, que punit la romaine avarice :
 Rome est, par nos forfaits, plus que par ses exploits,
   L'instrument de notre supplice.
 Craignez, Romains, craignez que le Ciel quelque jour
 Ne transporte chez vous les pleurs et la misère[6] ;
35 Et mettant en nos mains, par un juste retour,
 Les armes dont se sert sa vengeance sévère,
   Il ne vous fasse, en sa colère,
   Nos esclaves à votre tour.
 Et pourquoi sommes-nous les vôtres? Qu'on me die[7]
40 En quoi vous valez mieux que cent peuples divers.
 Quel droit vous a rendus maîtres de l'univers?
 Pourquoi venir troubler une innocente vie?
 Nous cultivions en paix d'heureux champs; et nos mains
 Étaient propres aux arts[8] ainsi qu'au labourage.

---

1. Dérivé de *saie*, vêtement serré à la ceinture; 2. *Bâti* : fait (mot burlesque); 3. *Avarice* : avidité; 4. Prière traditionnelle chez les Anciens (voir Démosthène, *Discours sur la Couronne*); 5. Singulier, à valeur adverbiale; 6. *Misère* : malheur; 7. Subjonctif archaïque du verbe *dire*; 8. *Aux arts* mécaniques.

━━━ QUESTIONS ━━━

● Vers 23-29. L'exorde : éloquence et solennité du ton. Le personnage apparaît-il encore comme un *ours mal léché*? Comment se marque malgré tout (vers 26-29) une certaine brusquerie?

● Vers 30-50. De quelle manière l'orateur aborde-t-il son sujet? Étudiez mètres et rythme (vers 30-32). — Par quels procédés les menaces du paysan sont-elles rendues saisissantes? — Étudiez l'art de la transition (vers 39). — Sur quels arguments se fonde le procès des Romains? — La vie des Germains avant la conquête romaine : le tableau n'est-il pas aussi le procès de la civilisation?

45   Qu'avez-vous appris aux Germains?
    Ils ont l'adresse et le courage :
    S'ils avaient eu l'avidité,
    Comme vous, et la violence,
Peut-être en votre place ils auraient la puissance,
50 Et sauraient en user sans inhumanité.
Celle que vos préteurs[1] ont sur nous exercée
    N'entre qu'à peine en la pensée.
    La majesté de vos autels
    Elle-même en est offensée;
55   Car sachez que les Immortels
Ont les regards sur nous. Grâces à vos exemples,
Ils n'ont devant les yeux que des objets d'horreur,
De mépris d'eux et de leurs temples,
D'avarice qui va jusques à la fureur[2].
60 Rien ne suffit aux gens qui nous viennent de Rome :
    La terre et le travail de l'homme
Font pour les assouvir des efforts superflus.
    Retirez-les : on ne veut plus
    Cultiver pour eux les campagnes.
65 Nous quittons les cités, nous fuyons aux montagnes;
    Nous laissons nos chères compagnes;
Nous ne conversons[3] plus qu'avec des ours affreux,
Découragés de mettre au jour des malheureux,
Et de peupler pour Rome un pays qu'elle opprime.
70   Quant à vos enfants déjà nés,
Nous souhaitons de voir leurs jours bientôt bornés :
Vos préteurs au malheur nous font joindre le crime[4].
    Retirez-les : ils ne nous apprendront
    Que la mollesse et que le vice;
75   Les Germains comme eux deviendront
    Gens de rapine et d'avarice[5].
C'est tout ce que j'ai vu dans Rome à mon abord[6].
    N'a-t-on point de présent à faire,
Point de pourpre[7] à donner : c'est en vain qu'on espère
80 Quelque refuge aux[8] lois; encor leur ministère

---

  1. *Préteurs :* magistrats (sens large); **2.** *Fureur :* passion folle, rage; **3.** *Converser :* vivre avec, fréquenter; **4.** Celui de souhaiter la mort de ses enfants; **5.** *Avarice :* voir vers 20; **6.** *A mon abord :* à mon arrivée; **7.** La *pourpre* désigne plutôt ici, comme chez Guevara, la teinture ou l'étoffe précieuse plutôt que l'insigne des magistratures; **8.** Dans les lois.

A-t-il mille longueurs. Ce discours, un peu fort[1],
> Doit commencer à vous déplaire.
> Je finis. Punissez de mort
> Une plainte un peu trop sincère. »
85 A ces mots, il se couche[2]; et chacun étonné
Admire le grand cœur, le bon sens, l'éloquence
> Du sauvage ainsi prosterné.
On le créa patrice[3]; et ce fut la vengeance
Qu'on crut qu'un tel discours méritait. On choisit
90 > D'autres préteurs; et par écrit[4]
Le Sénat demanda ce qu'avait dit cet homme,
Pour servir de modèle aux parleurs à venir.
> On ne sut pas longtemps à Rome
> Cette éloquence entretenir.

---

1. *Fort* : violent, rude; **2.** *Se coucher* : se prosterner; **3.** *Patrice* : dignité instituée beaucoup plus tard par Constantin. Il faut sans doute ici comprendre *patricien*, le paysan ayant été anobli; **4.** Inversion : demander le texte écrit de ce que...

――――― **QUESTIONS** ―――――

● Vers 51-84. L'inhumanité des Romains : étudiez la progression logique et passionnée du discours. — Montrez que les vers 73-76 dénoncent ce qui, pour l'orateur, constitue le pire danger de la domination romaine. — La satire des vers 77-81 ne vise-t-elle que la Rome antique? — La péroraison vous paraît-elle en accord avec les règles de la rhétorique? Quelle est sa qualité dominante? — Dans quelle mesure peut-on comparer l'attitude du Germain et celle de Nicomède chez Corneille? — Les reproches du Germain ne ressemblent-ils pas paradoxalement à ceux qu'adressaient à leurs compatriotes des Romains célèbres pour leur intégrité?

● Vers 85-94. Que veut souligner le changement de mètre aux vers 85-86? — Quelle note ajoutent au dénouement les deux derniers vers de la fable?

■ Sur l'ensemble de la fable VII. — L'art oratoire de La Fontaine d'après cette fable : montrez-en les deux aspects successifs. Soulignez le souci de composition, les reprises et, d'une façon générale, les procédés rhétoriques qui apparaissent dans le discours.

— Montrez que La Fontaine dépasse ici le genre de la fable pour s'élever à la vision historique.

— Est-ce ici un procès de la civilisation? Qu'est-ce que La Fontaine attaque dans cette fable?

VIII. — LE VIEILLARD
ET LES TROIS JEUNES HOMMES

Un Octogénaire plantait.
« Passe encor de bâtir; mais planter à cet âge! »
Disaient trois Jouvenceaux[1], enfants du voisinage;
      Assurément il radotait[2].
5   « Car, au nom des Dieux, je vous prie,
Quel fruit[3] de ce labeur pouvez-vous recueillir?
Autant qu'un patriarche il vous faudrait vieillir.
      A quoi bon charger votre vie
Des soins[4] d'un avenir qui n'est pas fait pour vous?
10 Ne songez désormais qu'à vos erreurs passées;
Quittez le long espoir et les vastes pensées[5];
      Tout cela ne convient qu'à nous.
      — Il[6] ne convient pas à vous-mêmes,
Repartit le Vieillard. Tout établissement[7]
15 Vient tard et dure peu. La main des Parques blêmes
De vos jours et des miens se joue également.
Nos termes[8] sont pareils par leur courte durée.
Qui de nous des clartés de la voûte azurée
Doit jouir le dernier? Est-il aucun moment

1. *Jouvenceau :* terme de raillerie (archaïsme); 2. Le mot s'applique à la conduite, non aux paroles du vieillard; 3. *Fruit :* profit; 4. *Soins :* préoccupations; 5. *Pensée :* projet. Souvenir d'Horace, *Odes,* I, IV, 15; 6. *Il* (neutre) : cela; 7. *Etablissement :* situation avantageuse; 8. *Nos termes :* les limites dans lesquelles notre vie est enfermée.

──────── **QUESTIONS** ────────

Fable VIII : le Vieillard et les Trois Jeunes Hommes.

SOURCES : 1⁰ *Le Vieillard décrépit qui greffait des arbres.* — Un jeune homme se moquait d'un vieillard décrépit, disant qu'il était fou de planter des arbres dont il ne verrait pas les fruits. Le vieillard lui dit : « Toi non plus, de ceux que tu prépares en ce moment à greffer, tu ne cueilleras peut-être pas les fruits. » La chose ne tarda pas. Le jeune homme, tombant d'un arbre sur lequel il était monté pour prendre des greffes, se rompit le cou. Cette fable enseigne que la mort est commune à tous les âges (Abstémius, fable CLXVIII).

2⁰ Sénèque, *Lettres à Lucilius,* 86.

● VERS 1-12. A quoi tient la force d'évocation du premier vers? Étudiez le ton et les arguments des jouvenceaux : n'ont-ils pas le caractère de leur âge? — Le rôle de l'octosyllabe dans le passage. — Analysez la beauté du vers 11.

20 Qui vous puisse assurer d'un second seulement?
   Mes arrière-neveux[1] me devront cet ombrage :
         Eh bien! défendez-vous au sage
   De se donner des soins pour le plaisir d'autrui?
   Cela même est un fruit que je goûte aujourd'hui :
25 J'en puis jouir demain, et quelques jours encore;
         Je puis enfin compter l'aurore
         Plus d'une fois sur vos tombeaux. »
   Le Vieillard eut raison : l'un des trois Jouvenceaux
   Se noya dès le port, allant à l'Amérique;
30 L'autre, afin de monter aux grandes dignités,
   Dans les emplois de Mars[2] servant la République[3],
   Par un coup imprévu vit ses jours emportés;
         Le troisième tomba d'un arbre
         Que lui-même il voulut enter[4];
35 Et, pleurés[5] du Vieillard, il grava sur leur marbre
         Ce que je viens de raconter.

_____

1. *Mes arrière-neveux* : mes descendants. Souvenir de Virgile, *les Géorgiques*, chant II, vers 58; 2. *Mars* : dieu de la Guerre; 3. *République* : État (sens large); 4. *Enter* : greffer; 5. Le participe ne se rapporte pas au sujet du verbe.

─────── **QUESTIONS** ───────

● Vers 13-27. Montrez que l'argumentation du vieillard répond point par point à celle des jeunes gens. Dans quel ordre? Sur quel ton? — Quelle leçon veulent donner les vers 21-25? Est-ce la philosophie d'un vieillard égoïste? Quel sens le vieillard et La Fontaine prêtent-ils au mot *sage* (vers 22)? Est-ce la sagesse ordinaire du poète?

● Vers 28-36. Apparemment différentes, les destinées des trois jeunes gens ne s'expliquent-elles pas par un trait commun? Le sort ne se montre-t-il pas singulièrement ironique à l'égard des jouvenceaux, surtout en ce qui concerne le troisième? Qu'ont de particulièrement émouvant les deux derniers vers?

■ Sur l'ensemble de la fable VIII. — Comparez l'octogénaire au vieillard de la fable *la Mort et le Mourant* (VIII, 1) : psychologie, attitude devant la mort.

— Dégagez la leçon que La Fontaine veut tirer de cet apologue. En quoi est-elle, moralement, supérieure à bon nombre d'autres?

— Montrez en quoi cette fable diffère des autres : 1° par le ton; 2° par son apparence de scène réelle prise dans la vie quotidienne; 3° par l'introduction d'une durée assez longue qui donne de la profondeur à l'ensemble.

IX. — LES SOURIS ET LE CHAT-HUANT

Il ne faut jamais dire aux gens :
« Écoutez un bon mot, oyez une merveille. »
Savez-vous si les écoutants[1]
En feront une estime à la vôtre pareille ?
5 Voici pourtant un cas qui peut être excepté :
Je le maintiens prodige, et tel que d'une fable
Il a l'air et les traits, encor que véritable.

On abattit un pin pour[2] son antiquité,
Vieux palais d'un Hibou, triste et sombre retraite
10 De l'oiseau qu'Atropos prend pour son interprète[3].
Dans son tronc caverneux, et miné par le temps,
Logeaient, entre autres habitants,
Force souris sans pieds, toutes rondes de graisse.
L'oiseau les nourrissait parmi des tas de blé,
15 Et de son bec avait leur troupeau mutilé ;
Cet oiseau raisonnait : il faut qu'on le confesse.
En son temps, aux Souris, le compagnon[4] chassa.
Les premières qu'il prit du logis échappées[5],
Pour y remédier, le drôle estropia

1. *Écoutants* : participe présent, variable à l'époque, employé comme nom ;
2. *Pour* : à cause de ; 3. La croyance populaire voit dans le hibou un oiseau de
malheur et dans son cri un présage de mort. C'est pourquoi, sans doute, La Fontaine en fait l'interprète d'Atropos, l'une des Parques ; 4. *Compagnon* : nom que
portait au Moyen Age l'artisan définitivement reçu dans le corps du métier ;
d'où le sens d' « homme habile, rusé » ; 5. Comme les premières qu'il prit s'étaient
échappées du logis. Proposition participe dont l'auxiliaire est sous-entendu.

――――― **QUESTIONS** ―――――

Fable IX : **les Souris et le Chat-Huant.**

Source : Le sieur Gaffarel a depuis peu assuré qu'un certain augustin réformé,
de ceux qui demeurent dans la forêt de Fontainebleau, lui avait dit que, revenant un soir de la promenade à son couvent, il avait aperçu un oiseau sortir
d'un trou d'un arbre qui était creux et percé en deux endroits ; que le lendemain,
étant allé proche de l'arbre avec ses frères pour reconnaître quel oiseau ce
pouvait être, l'oiseau sortit au bruit ; que tâchant ensuite avec assez de peine
de fourrer quelque chose par le trou d'en haut pour voir ce que c'était, ils
aperçurent que le trou d'en bas était bouché et que, l'ayant ouvert, ils trouvèrent dedans soixante ou quatre-vingts souris toutes vives et des épis de blé
pour remplir deux ou trois chapeaux, mais que toutes ces souris avaient les
cuisses rompues. Les souris devaient apparemment être la provision du hibou
qui leur aurait apporté des épis de blé pour les nourrir quelque temps, cependant qu'il les mangerait l'une après l'autre (Bernier, *Abrégé de la philosophie
de Gassendi*, VII, 674).

● Vers 1-15. Comment La Fontaine rend-il son introduction vivante ?
— Le récit : montrez que La Fontaine se contente d'un simple exposé
des faits, qui n'exclut pas poésie et pittoresque.

20 Tout ce qu'il prit ensuite; et leurs jambes coupées
   Firent qu'il les mangeait à sa commodité,
       Aujourd'hui l'une, et demain l'autre.
   Tout manger à la fois, l'impossibilité
   S'y trouvait, joint aussi le soin de sa santé.
25 Sa prévoyance allait aussi loin que la nôtre :
      Elle allait jusqu'à leur porter
      Vivres et grains pour subsister.
      Puis, qu'un Cartésien s'obstine
   A traiter ce hibou de montre et de machine[1] !
30   Quel ressort lui pouvait donner
   Le conseil de tronquer[2] un peuple mis en mue[3] ?
      Si ce n'est pas là raisonner,
      La raison m'est chose inconnue.
   Voyez que d'arguments[4] il fit :
35   « Quand ce peuple est pris, il s'enfuit;
   Donc il faut le croquer aussitôt qu'on le happe.
   Tout, il[5] est impossible. Et puis, pour le besoin
   N'en dois-je pas garder? Donc il faut avoir soin
      De le nourrir sans qu'il échappe.
40 Mais comment? Otons-lui les pieds. » Or trouvez-moi
   Chose par les humains à sa fin mieux conduite.
   Quel autre art de penser Aristote et sa suite[6]
      Enseignent-ils, par votre foi[7] ?

Ceci n'est point une fable; et la chose, quoique merveilleuse et presque incroyable, est véritablement arrivée. J'ai peut-être porté trop loin la prévoyance de ce hibou; car je ne prétends pas établir dans les bêtes un progrès de raisonnement tel que celui-ci; mais ces exagérations sont permises à la poésie, surtout dans la manière d'écrire dont je me sers.

1. Voir *Discours à Madame de La Sablière*, IX, XXI, 29-34; 2. *Tronquer* : mutiler; 3. *Mue* : lieu où l'on met un oiseau quand il mue, puis lieu obscur et resserré où l'on met la volaille pour l'engraisser; 4. *Argument* : raisonnement; 5. *Il* (neutre) : cela; 6. *Suite* : ensemble des successeurs; 7. A votre avis.

──────── QUESTIONS ────────

● VERS 16-27. Sur quelle thèse La Fontaine appuie-t-il son explication des faits? Relevez tous les éléments qui prêtent à l'animal raisonnement et prévoyance.
● VERS 28-43. A quelle théorie La Fontaine s'en prend-il? Sur quel ton (vers 28-33)? — Comparez le vers 34 au *Discours à Madame de La Sablière*, vers 217 (p. 78) : n'y a-t-il pas contradiction? — Montrez qu'aux vers 35-40 le poète suppose, d'une manière directe, le raisonnement du hibou. Plutôt que d'un raisonnement simple, ne s'agit-il pas d'un enchaînement de syllogismes? — Appréciez le ton de la conclusion.

ÉPILOGUE

C'est ainsi que ma Muse, aux bords d'une onde pure,
       Traduisait en langue des Dieux[1]
       Tout ce que disent sous les cieux
Tant d'êtres empruntants[2] la voix de la nature.
5   Truchement[3] de peuples divers,
Je les faisais servir d'acteurs[4] en mon ouvrage :
       Car tout parle dans l'univers;
       Il n'est rien qui n'ait son langage :
Plus éloquents chez eux qu'ils ne sont dans mes vers,
10 Si ceux que j'introduis me trouvent peu fidèle,
Si mon œuvre n'est pas un assez bon modèle,
       J'ai du moins ouvert le chemin :
D'autres pourront y mettre une dernière main.
Favoris des neuf Sœurs[5], achevez l'entreprise :
15 Donnez mainte leçon que j'ai sans doute omise;
Sous ces inventions il faut l'envelopper.
Mais vous n'avez que trop de quoi vous occuper :
Pendant le doux emploi de ma Muse innocente,
Louis dompte l'Europe[6], et, d'une main puissante,
20 Il conduit à leur fin les plus nobles projets
       Qu'ait jamais formés un monarque.
Favoris des neuf Sœurs, ce sont là des sujets
       Vainqueurs du temps et de la Parque.

---

1. En vers (voir IX, I, 5); 2. *Empruntants* : forme variable du participe présent, normale à l'époque; 3. *Truchement* : interprète; 4. Voir V, I, 27-28 *(Une ample comédie à cent actes divers, Et dont la scène est l'Univers)* ; 5. Les Muses; 6. Louis XIV venait d'imposer à la Hollande, à l'Espagne et au Saint Empire les traités de Nimègue (1678).

■ QUESTIONS ■

■ SUR L'ENSEMBLE DE LA FABLE IX. — La Fontaine paraît-il gêné par les nécessités de la versification dans son exposé? Montrez des exemples de la précision et de son exactitude.

— L'art de la composition au service de la thèse.

— Peut-on concilier la thèse défendue ici par La Fontaine avec celle du *Discours à Madame de La Sablière* (p. 69)?

— Pourquoi avoir ajouté la note en prose qui suit la fable? Est-ce la première fois que La Fontaine traite ce sujet ou y fait allusion? Quelle importance y attache-t-il donc? Pourquoi?

Épilogue.

SOURCE : Virgile, *Géorgiques*, IV, 559-566 (Épilogue).

— Cet épilogue est en principe un adieu à la fable : montrez-le.

— Quel rôle le poète s'attribue-t-il? N'allie-t-il pas à la modestie une certaine conscience de sa valeur?

LIVRE DOUZIÈME
1694

NOTICE

CE QUI SE PASSAIT ENTRE 1687 ET 1694

■ *EN POLITIQUE :* Règne de Louis XIV. Faveur de Mme de Maintenon. *Toute-puissance de Louvois (mort en 1691). — 1688-1689 : Début de la guerre de la Ligue d'Augsbourg, coalition de l'Europe contre la France. — 1689-1693 : Sac du Palatinat. — 1690 : Bataille de Fleurus. — 1692 : Steinkerque. — 1693 : La Marsaille, victoire de Catinat. — 1694 : Brillante campagne de Noailles en Catalogne. Exploits de Jean Bart et de Duguay-Trouin. Établissement d'impôts rigoureux (capitation). Soulèvement des huguenots cévenols. Condamnation du quiétisme par la conférence d'Issy (1694-1696).*

■ *EN LITTÉRATURE :* Racine fait jouer Esther (1689) et Athalie (1691). Les Caractères de La Bruyère (1688). Bossuet, évêque de Meaux : Oraison funèbre de Condé (1687), Histoire des variations des Eglises protestantes (1688). Fénelon (1689), précepteur du duc de Bourgogne, donne à son élève comme thèmes latins des fables de La Fontaine. Querelle des Anciens et des Modernes : Boileau donne, en 1692, sa Satire X, sur les femmes, en 1693, son Discours sur l'ode. Perrault publie ses Parallèles des Anciens et des Modernes, de 1688 à 1697.*

■ *DANS LES ARTS ET DANS LES SCIENCES :* Hardouin-Mansart construit le Grand Trianon, la Maison royale de Saint-Cyr, les hôtels de la place des Victoires.*

Coysevox : statues de la chapelle des Invalides. Girardon : statue équestre de Louis XIV (place des Victoires). Dernières œuvres et mort de Puget, à Toulon (1694).

Pierre Mignard entreprend de décorer de peintures la chapelle des Invalides. Hyacinthe Rigaud fait le portrait de La Fontaine, celui de Bossuet, celui de Boileau.

En 1694, le roi ordonne aux académies de suspendre leur enseignement faute de fonds pour les rétribuer.

François Couperin le Grand est organiste de Saint-Gervais en 1690, de la Chapelle royale en 1693. Lully fait jouer son opéra d'Acis et Galatée, et meurt en 1687. Marc-Antoine Charpentier, Circé, opéra (1694).

LE XIIe LIVRE DES « FABLES » (1694)

Depuis la publication en 1678-1679 du second recueil, La Fontaine, en même temps qu'il se consacrait à d'autres genres, continuait à écrire des fables. En 1685 avaient paru chez Barbin les *Ouvrages de prose et de poésie des sieurs de Maucroix et de La Fontaine*. Le premier volume, tout entier de La Fontaine, contenait à côté d'œuvres diverses onze fables inédites, comprenant notamment *la Forêt et le Bûcheron* (livre XII, fable XVI) et *le Philosophe scythe* (livre XII, fable XX).

En 1690-1691, *le Mercure galant* publie quelques fables nouvelles. En juin 1693, la fable *le Juge arbitre, l'Hospitalier et le Solitaire* (livre XII, fable XXVII) paraissait dans le *Recueil de vers choisis* du P. Bouhours.

Le 1er septembre 1693 enfin paraissait, daté de l'année suivante, avec privilège du 28 décembre 1692, un volume de *Fables choisies par M. de La Fontaine* : c'était l'actuel livre XII. Le poète y avait réuni, outre deux récits mythologiques déjà publiés, les fables parues depuis 1685 et une dizaine de fables encore inédites. Ensemble assez composite, mais qui ne traduit, en définitive, aucun changement dans la manière du poète. Sans doute peut-on éprouver quelque agacement à voir se multiplier dédicaces et flatteries. Le livre XII est en effet précédé d'une dédicace à Monseigneur le Duc de Bourgogne, petit-fils de Louis XIV, alors âgé de douze ans. C'est pour lui que La Fontaine a écrit certaines des fables de ce livre, dont la simplicité semble bien destinée à un enfant. Le jeune prince pratiquait d'ailleurs les *Fables*, puisque son précepteur, Fénelon, lui en donnait comme canevas à développer en prose latine.

Peu de nouveauté en définitive, mais saurait-on oublier que le livre XII est couronné par une des fables les plus parfaites qu'ait écrites le poète — la plus profonde et la plus émouvante peut-être —, celle qu'on peut considérer comme son testament spirituel ? La Fontaine semble avoir enfin trouvé l'apaisement à son inquiétude dans la contemplation de soi-même. Mais dans son renoncement ne retrouve-t-il pas une des préoccupations constantes de sa vie et de son art, celle qu'exprime le précepte socratique « Connais-toi toi-même » ?

LIVRE DOUZIÈME

V. — LE VIEUX CHAT ET LA JEUNE SOURIS

Une jeune Souris, de peu d'expérience[1],
Crut fléchir un vieux Chat, implorant[2] sa clémence,
Et payant de raisons[3] le Raminagrobis[4] :
    « Laissez-moi vivre : une souris
5   De ma taille et de ma dépense[5]
    Est-elle à charge en ce logis?
    Affamerais-je, à votre avis,
    L'hôte et l'hôtesse, et tout leur monde?
    D'un grain de blé je me nourris :
10   Une noix me rend toute ronde.
A présent je suis maigre; attendez quelque temps.
Réservez ce repas à Messieurs vos enfants. »
Ainsi parlait au Chat la Souris attrapée.
    L'autre lui dit : « Tu t'es trompée :
15 Est-ce à moi que l'on tient de semblables discours[6]?

---

1. Comparez avec VI, v, *le Cochet, le Chat et le Souriceau*, vers 1; **2.** Gérondif employé sans *en;* **3.** En rachetant sa vie par des raisonnements; **4.** Nom déjà donné au chat dans *le Chat, la Belette et le Petit Lapin* (VII, XVI, vers 31); **5.** *De ma dépense :* dépensant aussi peu que moi; **6.** *Discours :* propos.

QUESTIONS

Fable V : le Vieux Chat et la Jeune Souris.

> SOURCE : *Le Renard qui voulait tuer une Poule sur ses œufs.* — Un renard entré dans la maison d'un paysan trouva au nid une poule qui couvait. Elle le pria en ces termes : « Ne me tue pas pour le moment, je t'en supplie. Je suis maigre. Attends un peu que mes petits soient éclos. Tu pourras les manger tendres et sans dommage pour tes dents. » Alors le renard : « Je ne serais pas digne, dit-il, d'être un renard si, maintenant que j'ai faim, dans l'attente de petits qui sont encore à naître, je renonçais à un manger tout prêt. J'ai des dents solides, capables de mâcher n'importe quelle viande, même la plus dure. » Là-dessus il dévora la poule. Cette fable montre que c'est être fou que de lâcher, dans l'espoir incertain d'un grand bien, un bien présent (Abstémius, fable CLI).

● VERS 1-13. Montrez que les trois premiers vers contiennent les données du drame et annoncent le dénouement. A quoi se trahit déjà l'inexpérience de la souris? — Les arguments de la souris sont-ils si naïfs? La souris ne connaît-elle pas la rhétorique? — Qu'implique le changement de mètre aux vers 11-12?

Tu gagnerais autant de parler à des sourds.
Chat, et vieux, pardonner ! cela n'arrive guères.
   Selon ces lois, descends là-bas[1],
   Meurs, et va-t'en, tout de ce pas,
20   Haranguer les Sœurs filandières[2].
Mes enfants trouveront assez d'autres repas. »
   Il tint parole.
      Et pour ma fable
Voici le sens moral qui peut y convenir :
La jeunesse se flatte[3], et croit tout obtenir ;
25   La vieillesse est impitoyable.

---

1. *Là-bas* : dans l'autre monde (par opposition à *ici-bas*) ; 2. *Les Sœurs filandières* : les Parques (voir V, vi, 2) ; 3. *Se flatter* : se bercer d'illusions.

───── **QUESTIONS** ─────

● Vers 14-23. La brutalité du chat : par quels procédés (vocabulaire,
constructions, rythme, sonorités) s'exprime-t-elle ? — L'expression *Chat,
et vieux* (vers 17) n'est-elle pas plus que la reprise de *un vieux Chat*
(vers 2) ? Qu'annonce-t-elle ? — Pourquoi le dénouement est-il évoqué
d'une manière aussi brève ?

● Vers 24-25. Quelles réflexions vous inspire la morale ? Vous paraît-
elle de nature à satisfaire un jeune lecteur ? Ne traduit-elle pas un certain pessimisme chez La Fontaine ? Quel effet produit le passage de
l'alexandrin à l'octosyllabe ?

■ Sur l'ensemble de la fable V. — « Si le chat ne pardonne pas à la
souris, ce n'est pas en qualité de vieux, c'est en qualité de chat », dit
Chamfort. Qu'en pensez-vous ?

— L'art de La Fontaine dans cette fable : peinture des sentiments ;
harmonie du style avec l'idée exprimée et la psychologie de l'animal
qui parle.

— Dans cette fable, que La Fontaine a particulièrement destinée au
duc de Bourgogne, montrez que le fabuliste semble avoir fait un effort
pédagogique pour s'adresser à un jeune lecteur : clarté particulière de
composition ; accentuation de la différence des caractères. Vous chercherez d'autres marques de cette préoccupation.

— Comparez le chat de cette fable à celui de la fable *le Chat, la
Belette et le Petit Lapin* (VII, xvi). Ont-ils le même caractère ? Lequel
des deux La Fontaine juge-t-il le plus blâmable ?

XVI. — LA FORÊT ET LE BÛCHERON

Un Bûcheron venait de rompre ou d'égarer
Le bois dont il avait emmanché sa cognée.
Cette perte ne put sitôt se réparer
Que[1] la Forêt n'en fût quelque temps épargnée.
5   L'Homme enfin[2] la prie humblement
      De lui laisser tout doucement
      Emporter une unique branche,
      Afin de faire un autre manche :
« Il irait[3] employer ailleurs son gagne-pain ;
10 Il laisserait debout maint chêne et maint sapin
Dont chacun respectait la vieillesse et les charmes. »
L'innocente Forêt lui fournit d'autres armes.
Elle en eut du regret. Il emmanche son fer :
      Le misérable ne s'en sert
15   Qu'à dépouiller sa bienfaitrice
      De ses principaux ornements.

---

1. *Sitôt... que... ne* : assez vite pour que... ne pas ; 2. *Enfin* : à la fin ; 3. Style indirect.

——— QUESTIONS ———

Fable XVI : **la Forêt et le Bûcheron.**

SOURCE : *la Forêt et le Vilain.* — Un vilain pénétra dans une antique forêt, à qui des chênes ombreux faisaient une immense parure ; et, d'une voix caressante, avec les mots les plus convenables à sa requête, il la pria de consentir à lui prêter son jeune arbre parmi tous ceux qui poussaient chez elle en foule pressée et infinie ; car il en voulait faire un manche à sa cognée, et ainsi, une fois rentré chez lui, être à même de terminer certains travaux.

La forêt, généreuse par nature, tant s'étalaient à la ronde ses richesses, les lui fit partager de bonne grâce, lui accordant ce qu'il demandait. L'homme tailla donc son manche ; et alors, il se mit à dépouiller d'un bout à l'autre toute la forêt, grâce à ce même morceau de bois qui naguère était un membre pris justement à ce grand corps. Et ainsi le vilain, méchant et ingrat, en peu de temps l'abattit tout entière au ras du sol.

Ainsi voit-on souvent pâtir ceux qui, bienveillants et larges en leurs faveurs, se montrent généreux envers un homme avide et plein de méchanceté : car ce sont les forces mêmes dont ils l'ont armé qui lui permettent un beau jour de consommer leur ruine. On doit donc regarder à qui l'on accorde ses bonnes grâces, et ne pas trop se fier aux gens qu'une longue expérience et une longue pratique ne vous ont pas fait connaître pour des amis.

Ne donnez pas votre faveur à qui peut vous faire outrage (Verdizotti, fable LXVIII).

● VERS 1-11. Expliquez l'imprécision du premier vers. — Relevez tout ce qui dénote l'hypocrisie dans le discours de l'homme. — A travers les vers 10-11, La Fontaine n'exprime-t-il pas aussi son sentiment personnel ? A quoi tient la beauté de ces deux vers ?

Elle gémit à tous moments :
Son propre don fait son supplice.

Voilà le train du monde et de ses sectateurs[1] :
20 On s'y sert du bienfait contre les bienfaiteurs.
Je suis las d'en parler. Mais que de doux ombrages
     Soient exposés à ces outrages,
     Qui ne se plaindrait là-dessus !
Hélas ! j'ai beau crier et me rendre incommode[2],
25   L'ingratitude et les abus
     N'en seront pas moins à la mode.

XX. — LE PHILOSOPHE SCYTHE

Un Philosophe austère, et né dans la Scythie[3],
Se proposant de suivre une plus douce vie,
Voyagea chez les Grecs, et vit en certains lieux
Un Sage assez semblable au vieillard de Virgile[4],

---

1. De ceux qui vivent la vie du monde et suivent ses enseignements ; 2. *Incommode* : fâcheux, importun ; 3. Anacharsis, « philosophe austère », et voyageur comme le personnage de La Fontaine, était originaire de cette contrée ; 4. Allusion au vieillard du Galèse qui cultivait, sous les murs de Tarente, un modeste jardin (Virgile, *Géorgiques*, IV, vers 125-133).

─────── **QUESTIONS** ───────

● Vers 12-18. Montrez que La Fontaine prend parti pour la forêt (vocabulaire, mètres, rythme, sonorités). La présentation des faits n'est-elle pas tendancieuse ?

● Vers 19-26. Quel est le ton de La Fontaine dans cette conclusion ? Connaissez-vous d'autres fables qui aboutissent à cette même constatation d'ingratitude ?

■ Sur l'ensemble de la fable XVI. — Comment apparaît, ici encore, l'homme dans la nature ? — Rapprochez le sens de cette fable de l'*Homme et la Couleuvre* (X, II, p. 80).

— Le sentiment de la nature chez La Fontaine d'après cette fable.

— Comparez avec l'élégie XXX de Ronsard : *Contre les bûcherons de la forêt de Gâtine*.

Fable XX : le **Philosophe scythe**.

Source : Aulu-Gelle, *Nuits attiques*, XIX, XII.

● Vers 1-12. Le bonheur du sage : par quels procédés de tous ordres La Fontaine l'exprime-t-il ? A quoi tient la perfection du vers 7 ? La présence de La Fontaine ne s'y exprime-t-elle pas ? L'art d'observer et la vie dans les vers 8-11. Montrez qu'il s'agit d'actes prévoyants et intelligents.

5 Homme égalant les rois, homme approchant des Dieux,
　　Et, comme ces derniers, satisfait et tranquille.
　　Son bonheur consistait aux beautés d'un jardin.
　　Le Scythe l'y trouva qui, la serpe à la main,
　　De ses arbres à fruit retranchait l'inutile,
10 Ébranchait, émondait[1], ôtait ceci, cela,
　　　　　　Corrigeant partout la nature,
　　Excessive à[2] payer ses soins avec usure[3].
　　　　　　Le Scythe alors lui demanda :
　　« Pourquoi cette ruine[4]? Était-il d'homme sage[5]
15 De mutiler ainsi ces pauvres habitants?
　　Quittez-moi votre serpe, instrument de dommage;
　　　　　　Laissez agir la faux du Temps :
　　Ils iront assez tôt border le noir rivage[6].
　　— J'ôte le superflu, dit l'autre, et l'abattant[7],
20 　　　　　Le reste en profite d'autant. »
　　Le Scythe, retourné dans sa triste demeure,
　　Prend la serpe à son tour, coupe et taille à toute heure;
　　Conseille à ses voisins, prescrit à ses amis
　　　　　　Un universel abatis.
25 Il ôte de chez lui les branches les plus belles,
　　Il tronque[8] son verger contre toute raison,
　　　　　　Sans observer temps[9] ni saison,
　　　　　　Lunes ni vieilles ni nouvelles.
　　Tout languit et tout meurt.
30 　　Ce Scythe exprime bien
　　　　　　Un indiscret[10] stoïcien :
　　　　　　Celui-ci retranche de l'âme,
　　Désirs et passions, le bon et le mauvais,
　　　　　　Jusqu'aux plus innocents souhaits

---

1. *Ébrancher* : tailler les branches; *émonder* : nettoyer les arbres, couper les branches mortes; 2. Construction rare; 3. *Payer avec usure* : rendre un service beaucoup plus grand que celui qu'on a reçu; 4. *Ruine*. Le mot s'explique par les vers 9-10; 5. *Être de* : être le fait de; 6. Le rivage des Enfers; 7. Gérondif sans préposition; 8. *Tronquer* : mutiler (voir XI, IX, 31); 9. Redoublement d'expression, *temps* signifiant « saison propre à chaque chose »; 10. *Indiscret* : sans discernement.

───────── **QUESTIONS** ─────────

● VERS 13-29. Que prouvent les paroles du Scythe? Sur quel ton parle-t-il? — Comment le poète, par la bouche du Scythe, envisage-t-il la mort pour les arbres? En les personnifiant, ne songe-t-il pas aussi à la mort des hommes? — Le mot *superflu* (vers 19) n'a-t-il pas un rôle capital? — Comparez le travail *indiscret* du Scythe à la science du sage; n'en est-ce pas une véritable parodie?

35 Contre de telles gens, quant à moi, je réclame.
   Ils ôtent à nos cœurs le principal ressort;
   Ils font cesser de vivre avant que l'on soit mort.

XXVII. — LE JUGE ARBITRE, L'HOSPITALIER ET LE SOLITAIRE[1]

Trois Saints, également jaloux[2] de leur salut,
Portés[3] d'un même esprit, tendaient à même but.
Ils s'y prirent tous trois par des routes diverses :

---

1. Fable probablement écrite au printemps 1693, après la conversion du poète;
2. *Jaloux :* vivement désireux de; 3. *Porté :* animé.

——— ● QUESTIONS ———

● VERS 30-37. Le lien entre la fable et la conclusion n'est-il pas particulièrement habile? Que reproche La Fontaine à la philosophie stoïcienne? Le stoïcisme est-il seul visé?

■ SUR L'ENSEMBLE DE LA FABLE XX. — Pourquoi avoir choisi la Scythie comme pays d'origine de son philosophe?

— La Fontaine et l'art de vivre : quelle est sa position personnelle? Quelle catégorie de philosophes critique-t-il ici? Rapprochez-le sur ce point de Montaigne. Cherchez d'autres exemples du goût de la retraite champêtre dans les *Fables* (VIII, x, p. 51; XI, IV, p. 101).

— Que pense le fabuliste des passions? Comparez avec Voltaire, *Zadig* (l'Ermite).

Fable XXVII : le Juge arbitre, l'Hospitalier et le Solitaire.

SOURCE : *Que le repos de la solitude rend les hommes capables de connaître leurs péchés.* — Trois jeunes hommes qui étudiaient ensemble et étaient extrêmement amis s'étant rendus solitaires, l'un choisit de s'employer à réconcilier ceux qui auraient quelque différend [...] suivant cette parole de l'Évangile : *Bienheureux sont les pacifiques.* L'autre résolut de s'occuper à visiter les malades. Le dernier se retira dans la solitude pour y demeurer en repos. Le premier travaillait à ce que j'ai dit et voyant qu'il ne pouvait rien gagner sur l'esprit de la plupart de ceux qu'il exhortait de vivre en paix avec leur prochain, il en conçut un tel déplaisir qu'il se retira vers celui qui assistait les malades, mais il le trouva aussi tout découragé de ce que son dessein ne lui réussissait pas mieux qu'à lui. Enfin ils s'en allèrent voir celui qui était dans le désert [...]. Avant que de leur répondre, il mit de l'eau dans un verre et puis leur dit : « Considérez cette eau, je vous prie. » Ce qu'ayant fait, ils virent qu'elle était trouble. Quelque temps après, il leur dit : « Regardez maintenant comme elle est claire. » Ils la regardèrent et se virent dedans ainsi que dans un miroir. Alors il ajouta : « Celui qui demeure parmi la multitude ressemble à cette eau, car l'agitation et le trouble l'empêchent de voir ses péchés. Mais lorsqu'il se tient en repos et principalement dans la solitude, il se rend capable de les discerner et de les connaître » (Arnauld d'Andilly, *les Vies des saints Pères du désert*, II, 496).

● VERS 1-14. Appréciez la netteté de l'exposition. Montrez qu'elle n'est pas exempte de familiarité et même d'humour. Par quels procédés La Fontaine fait-il la satire de la justice et des plaideurs (vers 6 et 12)?

Tous chemins vont à Rome[1]; ainsi nos concurrents
5 Crurent pouvoir choisir des sentiers différents.
L'un, touché[2] des soucis, des longueurs, des traverses[3]
Qu'en apanage[4] on voit aux procès attachés,
S'offrit de les juger sans récompense aucune,
Peu soigneux d'établir ici-bas sa fortune[5].
10 Depuis qu'il est des lois, l'homme, pour ses péchés,
Se condamne à plaider la moitié de sa vie :
La moitié? les trois quarts, et bien souvent le tout.
Le conciliateur crut qu'il viendrait à bout
De guérir cette folle et détestable envie.
15 Le second de nos Saints choisit les hôpitaux.
Je le loue; et le soin de soulager les maux
Est une charité que je préfère aux autres[6].
Les malades d'alors, étant tels que les nôtres,
Donnaient de l'exercice[7] au pauvre Hospitalier[8] :
20 Chagrins, impatients, et se plaignant sans cesse :
« Il a pour tels et tels un soin particulier,
            Ce sont ses amis; il nous laisse. »
Ces plaintes n'étaient rien au prix de l'embarras
Où se trouva réduit l'appointeur[9] de débats :
25 Aucun n'était content; la sentence arbitrale
            A nul des deux[10] ne convenait :
            Jamais le juge ne tenait
            A leur gré la balance égale.

---

1. Expression populaire qui signifie que des moyens différents permettent de parvenir au même but (voir vers 2); 2. *Toucher* : frapper, faire impression sur; 3. *Traverse* : obstacle, empêchement; 4. *Apanage* : au sens figuré, suites et conséquences d'une chose; 5. La justice officielle était lente et coûteuse : aussi la Compagnie du Saint-Sacrement avait-elle entrepris d'assister les plaideurs par l'institution d'« arbitres charitables », chargés d'une mission de « conciliateurs »; 6. On connaît l'œuvre accomplie dans ce domaine par saint Vincent de Paul et la Compagnie du Saint-Sacrement; 7. *Exercice* : occasion d'*exercer* la charité; 8. *Hospitalier* : religieux qui fait vœu de servir, d'assister les pauvres, les malades ou les passants qu'on reçoit dans son hôpital; 9. *Appointer* : accommoder, arbitrer. Le nom *appointeur* semble avoir été créé par La Fontaine sur ce verbe; 10. Des deux parties.

───────── QUESTIONS ─────────

● Vers 15-33. L'attitude du poète dans les vers 16-17 ne confère-t-elle pas plus de force encore au précepte des vers 39-40 et à la leçon donnée par la fable? — Montrez la vérité psychologique des vers 20-22. Comment La Fontaine a-t-il développé l'idée contenue aux vers 23-24 (idée, mètre, rythme)? Tout ne prépare-t-il pas la leçon de la fable? — Le vers 33 ne peut-il pas être considéré comme une confidence personnelle?

De semblables discours rebutaient l'appointeur :
30 Il court aux hôpitaux, va voir leur directeur :
Tous deux ne recueillant que plainte et que murmure,
Affligés, et contraints de quitter ces emplois,
Vont confier leur peine au silence des bois.
Là, sous d'âpres rochers, près d'une source pure,
35 Lieu respecté des vents, ignoré du soleil,
Ils trouvent l'autre Saint, lui demandent conseil.
« Il faut, dit leur ami, le¹ prendre de soi-même.
   Qui mieux que vous sait vos besoins?
Apprendre à se connaître² est le premier des soins
40 Qu'impose à tout mortel la Majesté suprême.
Vous êtes-vous connus dans le monde habité?
L'on ne le peut qu'aux lieux pleins de tranquillité :
Chercher ailleurs ce bien est une erreur extrême.
   Troublez l'eau : vous y voyez-vous?
45 Agitez celle-ci. — Comment nous verrions-nous?
   La vase est un épais nuage
Qu'aux effets du cristal³ nous venons d'opposer.
— Mes frères, dit le Saint, laissez-la reposer,
   Vous verrez alors votre image.
50 Pour vous mieux contempler demeurez au désert. »
   Ainsi parla le Solitaire⁴.
Il fut cru; l'on suivit ce conseil salutaire.

Ce n'est pas qu'un emploi ne doive être souffert.
Puisqu'on plaide, et qu'on meurt, et qu'on devient malade,
55 Il faut des médecins, il faut des avocats.
Ces secours, grâce à Dieu, ne nous manqueront pas :

---

1. *Le* désigne *conseil ; 2.* C'est le précepte socratique; 3. Le mot désigne l'eau
en insistant sur sa transparence; 4. C'est à Port-Royal que font songer les deux
mots *désert* et *solitaire*. La fable est d'ailleurs empruntée à Arnauld d'Andilly,
un des Messieurs de Port-Royal. Mais le solitaire peut tout aussi bien représenter
tous ceux qu'attire la vie contemplative.

QUESTIONS

● Vers 34-52. Dans quel cadre La Fontaine place-t-il le solitaire? —
Étudiez la musique des vers 34-35. Que suggère-t-elle? — Quel est,
selon le solitaire, le premier devoir d'un homme? Par quel procédé
le fait-il comprendre? — Étudiez la vie du dialogue et la poésie dans
les vers 44 à 50. — Relevez tout ce qui confère au passage un caractère
mystique et peut évoquer Port-Royal et le jansénisme.

Les honneurs et le gain, tout me le persuade.
Cependant on s'oublie[1] en ces communs besoins.
O vous dont le public emporte tous les soins[2],
60   Magistrats, princes et ministres,
Vous que doivent troubler mille accidents sinistres,
Que le malheur abat, que le bonheur corrompt,
Vous ne vous voyez point, vous ne voyez personne.
Si quelque bon moment à ces pensers vous donne,
65   Quelque flatteur vous interrompt.

Cette leçon sera la fin de ces ouvrages.
Puisse-t-elle être utile aux siècles à venir !
Je la présente aux rois, je la propose aux sages :
      Par où saurais-je mieux finir ?

---

1. On ne songe plus à soi-même, on ne se voit pas; **2.** Vous qui êtes entièrement pris par l'intérêt public.

─────── **QUESTIONS** ───────

● Vers 53-65. Comment La Fontaine prévient-il l'objection qu'on pourrait lui faire? Quel est le ton du moraliste (vers 56-57)? — Appréciez la vérité et la profondeur de l'apostrophe (vers 59-65). Quels faits précis et quelles fables évoque-t-elle? Étudiez les procédés qui lui donnent son ampleur. Quelles remarques appellent le mètre et le mouvement des vers 64-65?

● Vers 66-69. Faut-il ne voir dans ces vers qu'une conclusion banale aux fables?

■ Sur l'ensemble de la fable XXVII. — Étudiez la composition de cette fable en montrant avec quel naturel le poète insère ses réflexions dans le récit et amène l'élargissement final.

— La Fontaine et la solitude.

— Comparez cette fable et les textes consacrés au « divertissement » dans les *Pensées* de Pascal.

— Montrez que l'inspiration de cette fable rompt assez nettement avec celle des autres. Sur quels goûts — déjà maintes fois avoués dans les *Fables* — se greffe naturellement ce nouvel aspect?

Portrait de La Fontaine, par Hyacinthe Rigaud.

L'ÉPÎTRE À HUET

Le 27 janvier 1687, Charles Perrault lisait à l'Académie française son poème sur le *Siècle de Louis le Grand*. Il y critiquait les écrivains anciens, louait les Modernes et les contemporains, et proclamait la supériorité du siècle de Louis XIV sur ceux de Périclès et d'Auguste. Platon, selon lui, devenait ennuyeux; la physique d'Aristote apparaissait moins sûre encore que l'histoire d'Hérodote; Homère était plein de défauts...

La querelle n'en était pas à ses débuts : depuis 1657, et surtout dans sa *Défense du poème héroïque* (1674), Desmarets de Saint-Sorlin soutenait la supériorité du merveilleux chrétien sur le merveilleux païen et la prééminence des Modernes sur les Anciens. Boileau, qui s'opposait à cette thèse, avait polémiqué contre lui.

En 1683, une nouvelle querelle éclate entre Charpentier, qui a rédigé, pour des tableaux de Versailles, des inscriptions en français, et proclame « l'excellence de la langue française », et Boileau, qui demeure partisan du latin. Mais c'est avec la séance du 27 janvier 1687 que la bataille fut vraiment engagée. Tandis que les académiciens applaudissaient, Boileau, scandalisé par le poème de Perrault, qui constituait pour lui un véritable blasphème, se leva et lança une protestation véhémente. Huet, évêque de Soissons, fit taire l'interrupteur; il était partisan des Anciens, mais une vieille et solide inimitié l'opposait à Boileau. Nous ignorons quelle fut en séance l'attitude de La Fontaine, mais on peut penser que l'attaque lancée contre les écrivains anciens qu'il n'avait jamais cessé de lire et d'aimer ne le laissa pas indifférent. En effet, pendant que Boileau clamait son indignation dans deux épigrammes injurieuses, La Fontaine méditait sa réponse, pour laquelle il obtenait, dès le 5 février 1687, un permis d'imprimer. Habileté suprême, il lui donnait la forme d'une épître qu'il adressait à Huet en lui envoyant — prétexte de circonstance — une traduction italienne de Quintilien par Horace Toscanella. Huet, que La Fontaine connaissait à peine, était l'ami intime de Perrault, qui est sans doute le véritable destinataire de l'épître. Ainsi La Fontaine, sans s'engager directement dans la lutte, sans donner à sa réponse une forme polémique, redit une fois de plus son admiration pour les Anciens. Il expose sa doctrine de l'imitation libre, et, tout en reconnaissant la valeur de certains Modernes, « prétend qu'ils [le] laissent aussi révérer » les Anciens, ses maîtres.

Une fois encore, La Fontaine montrait sa prudence et sa malice coutumières.

ÉPÎTRE

À MONSEIGNEUR L'ÉVÊQUE DE SOISSONS[1]

Je vous fais un présent[2] capable de me nuire.
Chez vous Quintilien s'en va tous nous détruire[3] :
Car enfin qui le suit[4]? Qui de nous aujourd'hui
S'égale aux anciens tant estimés chez lui?
5 Tel est mon sentiment, tel doit être le vôtre.
Mais si votre suffrage en entraîne quelque autre,
Il ne fait pas la foule; et je vois des auteurs
Qui, plus savants que moi, sont moins admirateurs.
Si vous les en croyez, on ne peut, sans faiblesse[5],
10 Rendre hommage aux esprits de Rome et de la Grèce.
« Craindre ces écrivains! on écrit tant chez nous!
La France excelle aux arts, ils y fleurissent tous;
Notre prince avec art nous conduit aux alarmes;
Et sans art nous louerions le succès de ses armes!
15 Dieu n'aimerait-il plus à former des talents[6]?
Les Romains et les Grecs sont-ils seuls excellents? »
Ces discours sont fort beaux, mais fort souvent frivoles,
Je ne vois point l'effet[7] répondre à ces paroles;
Et, faute d'admirer les Grecs et les Romains,
20 On s'égare en voulant tenir d'autres chemins.
Quelques imitateurs[8], sot bétail, je l'avoue,

---

1. Plus connu comme évêque d'Avranches que comme évêque de Soissons, académicien depuis 1674, partisan des Anciens, Huet était lié à Perrault et violemment hostile à Boileau; 2. La traduction italienne de Quintilien par Toscanella; 3. Par sa supériorité sur les Modernes; 4. Qui suit ses préceptes? La Fontaine considérait Quintilien comme une autorité (voir la Préface des *Fables* de 1668); 5. Perrault, le *Siècle de Louis le Grand* : « Je vois les Anciens sans plier les genoux. » 6. Perrault avait lui-même écrit :

> A former les esprits comme à former les corps
> La nature en tout temps fait les mêmes efforts;

7. *Effet* : réalité, réalisation; 8. Rapprochez de *Clymène* (vers 344) :

> C'est un bétail servile et sot, à mon avis,
> Que les imitateurs; on dirait des brebis
> Qui n'osent avancer qu'en suivant la première
> Et s'iraient sur ses pas jeter dans la rivière.

QUESTIONS

Épître à Monseigneur l'Évêque de Soissons.

● VERS 1-16. Montrez que le débat est introduit avec habileté et naturel. Quelle est la thèse des Modernes? Quels procédés donnent de la vigueur à la présentation?

Suivent en vrais moutons le pasteur de Mantoue[1].
J'en use d'autre sorte[2]; et, me laissant guider,
Souvent à marcher seul j'ose me hasarder.
25 On me verra toujours pratiquer cet usage.
Mon imitation n'est point un esclavage :
Je ne prends que l'idée, et les tours, et les lois
Que nos maîtres suivaient eux-mêmes autrefois.
Si d'ailleurs quelque endroit plein chez eux d'excellence
30 Peut entrer dans mes vers sans nulle violence,
Je l'y transporte, et veux qu'il n'ait rien d'affecté,
Tâchant de rendre mien cet air d'antiquité.
Je vois avec douleur ces routes méprisées :
Arts et guides, tout est dans les Champs-Élysées[3].
35 J'ai beau les évoquer, j'ai beau vanter leurs traits,
On me laisse tout seul admirer leurs attraits.
Térence est dans mes mains[4]; je m'instruis dans Horace[5];
Homère et son rival[6] sont mes dieux du Parnasse.
Je le dis aux rochers[7]; on veut d'autres discours :
40 Ne pas louer son siècle est parler à des sourds.
Je le loue, et je sais qu'il n'est pas sans mérite;
Mais, près de ces grands noms, notre gloire est petite :
Tel de nous, dépourvu de leur solidité,
N'a qu'un peu d'agrément, sans nul fonds de beauté.
45 Je ne nomme personne : on peut tous nous connaître[8].
Je pris certain auteur[9] autrefois pour mon maître,
Il pensa[10] me gâter. A la fin, grâce aux dieux,

---

1. Virgile (note de La Fontaine); 2. Comparez avec *Clymène* (vers 240) :
     ... Vouloir qu'on imite aucun original
     N'est mon but, ni ne doit non plus être le vôtre
     Hors ce qu'on fait passer d'une langue en une autre
3. Chez les morts. Voir XI, IV, 2; 4. La Fontaine a toujours admiré Térence, dont
il a imité *l'Eunuque* ; 5. *Clymène* (vers 380) :
     C'est pourquoi choisissez des tons un peu moins hauts.
     Horace en a de tous; voyez ceux qui vous duisent;
     J'aime fort les auteurs qui sur lui se conduisent;
     Voilà les gens qu'il faut à présent imiter;
6. Virgile, auteur de *l'Enéide* ; 7. Je parle dans le désert (voir vers 40); 8. *Connaître* :
reconnaître; 9. S'agit-il de Malherbe ou de Voiture? Le vers est controversé;
10. *Penser* : faillir. « Quelques auteurs de ce temps-là affectaient les antithèses,
et ces sortes de pensées qu'on appelle *concetti*. Cela a suivi immédiatement
Malherbe » (note de La Fontaine).

━━━ QUESTIONS ━━━

● VERS 17-32. Étudiez la thèse de La Fontaine. — Comment conçoit-il
l'imitation? Comment la concilie-t-il avec la liberté que réclame son
tempérament?

Horace, par bonheur, me dessilla les yeux[1].
L'auteur avait du bon, du meilleur ; et la France
50 Estimait dans ses vers le tour et la cadence.
Qui ne les eût prisés ? J'en demeurai ravi :
Mais ses traits[2] ont perdu quiconque l'a suivi.
Son trop d'esprit[3] s'épand en trop de belles choses :
Tous métaux y sont or, toutes fleurs y sont roses[4].

55 On me dit là-dessus : « De quoi vous plaignez-vous ? »
De quoi ? Voilà mes gens aussitôt en courroux ;
Il se moquent de moi, qui, plein de ma lecture,
Vais partout prêchant l'art de la simple nature.
Ennemi de ma gloire et de mon propre bien,
60 Malheureux, je m'attache à ce goût ancien.
« Qu'a-t-il sur nous[5], dit-on, soit en vers, soit en prose ?
L'antiquité des noms ne fait rien à la chose,
L'autorité non plus, ni tout Quintilien. »
Confus à ces propos, j'écoute, et ne dis rien.
65 J'avouerai cependant qu'entre ceux qui les tiennent
J'en vois dont les écrits sont beaux, et se soutiennent :
Je les prise, et prétends qu'ils me laissent aussi
Révérer les héros du livre que voici[6].
Recevez leur tribut des mains de Toscanelle.
70 Ne vous étonnez pas qu'il donne pour modèle
A des ultramontains[7] un auteur sans brillants.
Tout peuple peut avoir du goût et du bon sens,
Ils[8] sont de tout pays, du fond de l'Amérique[9] ;
Qu'on y mène un rhéteur[10] habile et bon critique,
75 Il fera des savants. Hélas ! qui sait encor

---

1. Voir la note du vers 37 ; **2.** *Traits* : ce qu'il y a de saillant, de brillant dans une œuvre littéraire ; **3.** *Esprit*. Le mot implique une idée de recherche et d'artifice, et s'oppose au vers 58 ; **4.** Vers de Malherbe (note de La Fontaine), en fait légèrement retouché (« Tous métaux seront or, toutes fleurs seront roses ») ; **5.** *Sur nous* : plus que nous ; **6.** Voir les deux premiers vers de l'*Épître* ; **7.** Aux Italiens ; **8.** *Ils* représente *le goût et le bon sens* cités au vers précédent ; **9.** *Du fond de l'Amérique* : expression qui désigne toute contrée lointaine et inconnue (rapprochez de VI, v, 17) ; **10.** *Rhéteur* : maître d'éloquence, comme Quintilien.

● QUESTIONS

● VERS 33-54. Montrez quel enthousiasme La Fontaine apporte à défendre les Anciens. — Ne voit-il pas cependant avec lucidité les difficultés d'une telle attitude ? Dans quels travers selon lui risquent de tomber les Modernes ? La Fontaine les condamne-t-il de façon absolue ?

Si la science à l'homme est un si grand trésor[1]?
Je chéris l'Arioste[2], et j'estime le Tasse[3];
Plein de Machiavel[4], entêté de Boccace[5],
J'en parle si souvent qu'on en est étourdi.
80 J'en lis qui sont du Nord, et qui sont du Midi.
Non qu'il ne faille un choix dans leurs plus beaux ouvrages.
Quand notre siècle aurait ses savants et ses sages,
En trouverai-je un seul approchant de Platon[6]?
La Grèce en fourmillait dans son moindre canton[7].
85 La France a la satire et le double théâtre[8],
Des bergères d'Urfé[9] chacun est idolâtre :
On nous promet l'histoire[10], et c'est un haut projet.
J'attends beaucoup de l'art, beaucoup plus du sujet :
Il est riche, il est vaste, il est plein de noblesse;
90 Il me ferait trembler pour Rome et pour la Grèce.
Quant aux autres talents, l'ode[11], qui baisse un peu,
Veut de la patience; et nos gens ont du feu.
Malherbe avec Racan[12], parmi les chœurs des anges,

---

1. Comparez avec le poème du *Quinquina*, I, 128 :
> Pour nous, fils du savoir, ou pour en parler mieux,
> Esclaves de ce don que nous ont fait les dieux,
> Nous nous sommes prescrit une étude infinie,
> L'art est long, et trop courts les termes de la vie;

2. Auteur du *Roland Furieux*. Cet écrivain est italien, de même que les trois suivants; 3. Auteur de *la Jérusalem délivrée*; 4. Certaines fables de La Fontaine font songer aux maximes politiques énoncées dans *le Prince*; 5. La Fontaine l'a imité dans les *Contes*; 6. Perrault, *le Siècle de Louis le Grand* :
> Platon, qui fut divin du temps de nos aïeux,
> Commence à devenir quelquefois ennuyeux;
> En vain son traducteur, partisan de l'antique,
> En conserve la grâce et tout le sel attique,
> Du lecteur le plus âpre et le plus résolu
> Un dialogue entier ne saurait être lu;

7. *Canton* : lieu écarté (voir VIII, IX, 10); 8. *Double théâtre* : faut-il entendre théâtre ordinaire et opéra, ou comédie et tragédie? 9. Lecteur assidu de *l'Astrée*, La Fontaine en tira un livret d'opéra; 10. Racine et Boileau, nommés historiographes du roi en 1677, continuaient *l'Histoire du règne de Louis XIV*, commencée par Pellisson; 11. *Clymène* (vers 361) : « L'ode est chose pénible, et surtout dans le grand »; 12. Disciple de Malherbe, auteur de *Bergeries* (voir III, I, 8-10).

QUESTIONS

● VERS 55-79. Comment La Fontaine anime-t-il la controverse avec les Modernes (vers 55-63)? — La Fontaine heurte-t-il ses adversaires de front? Dites en quoi consiste son éclectisme (vers 64-79). — Relevez les vers qui le caractérisent le mieux.

Là-haut de l'Éternel célébrant les louanges,
95 Ont emporté leur lyre; et j'espère qu'un jour
J'entendrai leur concert au céleste séjour.
Digne et savant prélat, vos soins et vos lumières
Me feront renoncer à mes erreurs premières :
Comme vous je dirai[1] l'auteur de l'univers.
100 Cependant agréez mon rhéteur[2] et mes vers.

---

1. *Je dirai :* je célébrerai; 2. La traduction de Quintilien offerte par La Fontaine (voir vers 1-2).

━━━━━━━ **QUESTIONS** ━━━━━━━

● Vers 80-100. Les vers 81-83 n'apportent-ils pas une retouche aux idées exprimées dans le passage précédent? — Quel tableau littéraire La Fontaine trace-t-il de la France (vers 83-93)? Dans quel esprit? — Appréciez la facilité et l'élégance de la conclusion.

■ Sur l'ensemble de l'Épître. — Définissez d'après ce texte les idées et les goûts littéraires de La Fontaine. Quelle est sa thèse? Se montre-t-il absolu? Est-ce uniquement une habileté ou bien admire-t-il sincèrement certains de ses contemporains? Montrez qu'il n'oppose pas nommément Anciens et Modernes.

— Comparez la renommée littéraire actuelle des écrivains du XVIIe siècle cités ici avec le jugement que porte sur eux La Fontaine.

— L'art d'exposer des idées, d'après l'*Épître :* clarté; vivacité; habileté.

DOCUMENTATION THÉMATIQUE

réunie par la Rédaction des Nouveaux Classiques Larousse.

[Les notes de la Documentation thématique figurent page 145.]

1. LA FONTAINE ET LES ÉVÉNEMENTS

Fréquentant les salons, vivant aux côtés du surintendant Fouquet, puis de la duchesse douairière d'Orléans, et enfin de Mme de La Sablière, La Fontaine est très au fait de ce qui se passe à la cour, en campagne, autour des tables de congrès. Ainsi certaines fables semblent viser des événements précis de la vie du XVIIe siècle. L'affaire qui, sans aucun doute, toucha le plus l'auteur fut la disgrâce de Fouquet.

1.1. LA MAGNIFICENCE DE FOUQUET

Le roi ne voulait pas seulement enlever à Fouquet la protection du parlement de Paris, il fallait, pour achever de le désarmer, s'emparer de ses forteresses de Bretagne. On n'a pas oublié quelle était la puissance de Fouquet dans cette province. Maître de Belle-Ile, du Croisic, de Concarneau, de Guérande, du duché de Penthièvre, disposant par ses amis des forteresses du Mont-Saint-Michel et de Tombelaine, il considérait la Bretagne comme son royaume, et ses partisans flattaient sa vanité en répétant qu'il en était le souverain. Il avait une cabale dans le parlement de Bretagne. Le président de Maridor s'était engagé par écrit à le défendre envers et contre tous. Le conseiller Amproux ne lui était pas moins dévoué. Si l'on ajoute que la flotte de l'Océan était sous les ordres de l'amiral de Neuchèse, qui devait à Fouquet la charge qu'il avait achetée, on pouvait craindre que cette province, de tout temps peu docile au joug de la royauté, ne profitât de l'arrestation du surintendant pour s'agiter et revendiquer ses vieilles libertés. [...]
Fouquet se croyait, comme le disait madame d'Asserac, plus puissant que jamais, et il s'abandonna sans frein aux deux passions qui le dominaient et qui absorbaient tout l'argent qu'il volait à l'État, les femmes et les bâtiments. Il avait acquis à Paris le magnifique hôtel construit par le surintendant d'Emery, non loin du lieu où l'on a ouvert la place Louis-le-Grand (aujourd'hui place Vendôme). Sa maison de Saint-Mandé se composait primitivement de deux propriétés qu'il avait achetées de madame de Beauvais, afin d'être à proximité de Vincennes, où le cardinal Mazarin passait une partie des étés. Les jardins du surintendant communiquaient avec le parc royal, et il pouvait se rendre au château en les traversant. Peu à peu il donna à cette maison de plaisance de Saint-Mandé des développements qui la transformèrent. Elle renfermait six cours entourées de bâtiments, et n'était pas encore achevée lorsque Fouquet fut arrêté. Il avait eu soin de dissimuler la magnificence des constructions du côté qui regardait Vincennes, afin de ne pas exciter l'envie par cette maison bâtie à proximité

et en quelque sorte sous l'œil du roi ; mais à l'intérieur elle faisait l'admiration des étrangers par la beauté des galeries, la rareté des livres et la multitude d'objets curieux que le surintendant y avait entassés. Enfin le château de Vaux, que Fouquet habitait pendant que la cour séjournait à Fontainebleau, étalait une magnificence vraiment royale. Le surintendant y reçut en juillet et en août 1661 le roi, les princes et la cour tout entière. Ce fut d'abord la reine d'Angleterre, Henriette de France, veuve de Charles Ier, sa fille Henriette d'Angleterre, et son gendre Philippe de France, duc d'Orléans, qui honorèrent de leur présence le château de Vaux et les fêtes données par le surintendant. [...]

Pour endormir complètement le surintendant et lui prouver que sa faveur était plus affermie que jamais, Louis XIV accepta la fête que Fouquet lui offrit dans son château de Vaux. Plus de six mille personnes de la cour et de la ville y avaient été invitées.

Le roi partit de Fontainebleau le 17 août 1661, et se rendit à Vaux dans une voiture où avaient pris place Monsieur, la comtesse d'Armagnac, la duchesse de Valentinois et la comtesse de Guiche. La reine mère y alla dans son carrosse, et Madame en litière. La jeune reine manqua seule à cette fête ; elle était retenue à Fontainebleau par sa grossesse. Le roi et la cour commencèrent par visiter le parc et le château, où l'on admirait de toutes parts des eaux jaillissantes, la cascade, la gerbe d'eau, la fontaine de la couronne, les monstres marins. Des tuyaux de plomb, enfouis sous terre, alimentaient toutes ces sources, qui jaillissaient et retombaient en pluie brillante. Les parterres ornés de fleurs et de statues, les bassins et les canaux couverts de barques peintes et dorées, charmèrent tous les spectateurs. Le château n'étalait pas moins de merveilles ; on y admirait surtout les peintures de Le Brun. Louis XIV fut, dit-on, frappé et irrité d'un tableau allégorique, où cet artiste avait placé le portrait de mademoiselle de La Vallière. Il eut la pensée de faire arrêter Fouquet à l'instant même et dans son château ; mais la reine mère l'en détourna.

Les courtisans, auxquels rien n'échappait, remarquèrent que les plafonds et les ornements d'architecture portaient la devise du surintendant ; c'était un écureuil qui montait sur un arbre, avec ces paroles : *Quo non ascendam ?* (Où ne monterai-je pas ?) On voyait alors dans ces armes un symbole de l'ambition de Fouquet. [...]

Lorsque la cour eut terminé la visite du parc et du château, on tira une loterie où tous les invités gagnèrent des bijoux, des armes, etc. ; puis on servit un magnifique souper, dirigé par Vatel. « La délicatesse et la rareté des mets furent grandes ; mais la grâce avec laquelle M. le surintendant et madame la surintendante firent les honneurs de leur maison le fut encore davantage. » La magnificence du service éblouit la cour. Lorsqu'on fit l'inventaire des meubles de Vaux, peu de jours après, on y trouva trente-six douzaines d'assiettes d'or massif et un service de même métal. Le roi, ajoute l'auteur de cette note, n'en a point de semblable. Il y avait là encore cinq cents douzaines d'assiettes, qui avaient servi pour ce souper, dont la dépense fut évaluée à cent vingt mille livres.

Les plaisirs de l'esprit se mêlaient toujours à Vaux au luxe des festins. Après le souper, on se rendit à l'allée des sapins, où un théâtre avait été dressé.

> En cet endroit, qui n'est pas le moins beau
> De ceux qu'enferme un lieu si délectable,
> Au pied de ces sapins et sous la grille d'eau,
> Parmi la fraîcheur agréable
> Des fontaines, des bois, de l'ombre et des zéphyrs,
> Furent préparés les plaisirs
> Que l'on goûta cette soirée.
> De feuillages touffus la scène était parée
> Et de cent flambeaux éclairée.

Les décorations furent magnifiques; La Fontaine n'a pas manqué de les décrire :

> On vit des rocs s'ouvrir, des termes se mouvoir,
> Et sur son piédestal tourner mainte figure.
> Deux enchanteurs pleins de savoir
> Firent tant, par leur imposture,
> Qu'on crut qu'ils avaient le pouvoir
> De commander à la nature.
> L'un de ces enchanteurs est le sieur Torelli,
> Magicien expert et faiseur de miracles;
> Et l'autre, c'est Le Brun, par qui Vaux embelli
> Présente aux regardants mille rares spectacles :
> Le Brun dont on admire et l'esprit et la main,
> Père d'inventions agréables et belles,
> Rival des Raphaëls, successeur des Apelles,
> Par qui notre climat ne doit rien au romain.
> Par l'avis de ces deux la chose fut réglée.
> D'abord aux yeux de l'assemblée
> Parut un rocher si bien fait,
> Qu'on le crut rocher en effet;
> Mais insensiblement se changeant en coquille,
> Il en sortit une nymphe gentille,
> Qui ressemblait à la Béjart,
> Nymphe excellente dans son art,
> Et que pas une ne surpasse.
> Aussi récita-t-elle avec beaucoup de grâce
> Un prologue estimé l'un des plus accomplis
> Qu'en ce genre on pût écrire,
> Et plus beau que je ne dis
> Ou bien que je n'ose dire :
> Car il est de la façon
> De notre ami Pellisson.

Dans ce prologue, la Béjart, qui représentait la nymphe de la fontaine où se passait l'action, commandait aux divinités soumises à son empire de sortir des marbres où elles étaient enfermées et de contribuer de tout leur pouvoir aux plaisirs du roi. Pellisson avait mis dans sa bouche un éloge de ce prince,

> Jeune, victorieux, sage, vaillant, auguste,
> Aussi doux que sévère, aussi puissant que juste.
> Régler et ses Etats et ses propres désirs,
> Joindre aux nobles travaux les plus nobles plaisirs,
> En ses justes projets jamais ne se méprendre ;
> Agir incessamment, tout voir et tout entendre,
> Qui peut cela peut tout : il n'a qu'à tout oser,
> Et le ciel à ses vœux ne peut rien refuser.
> Ces termes marcheront, et, si Louis l'ordonne,
> Ces arbres parleront mieux que ceux de Dodone.
> Hôtesses de leurs troncs, moindres divinités,
> C'est Louis qui le veut, sortez, Nymphes, sortez.

A la voix de la nymphe, les termes, les statues et les arbres se mirent en mouvement. Il en sortit des Dryades, des Faunes, des Satyres, qui firent l'une des entrées du ballet. A ce premier divertissement succéda la comédie des *Fâcheux,* que Molière avait composée en quelques jours pour cette fête. Quoique inférieure à l'*Ecole des maris,* qui avait été représentée dans ces mêmes lieux un mois auparavant, la nouvelle pièce eut un grand succès. Le goût n'était plus aux bouffonneries, qu'on avait trop longtemps admirées. La Fontaine marque ingénieusement le caractère nouveau imprimé par Molière à la comédie :

> C'est un ouvrage de Molière.
> Cet écrivain par sa manière
> Charme à présent toute la cour.

. . . .

> J'en suis ravi ; car c'est mon homme.
> Te souvient-il bien qu'autrefois
> Nous avons conclu d'une voix
> Qu'il allait ramener en France
> Le bon goût et l'air de Térence ?
> Plaute n'est plus qu'un plat bouffon,
> Et jamais il ne fit si bon
> Se trouver à la comédie.

. . . .

> Jodelet n'est plus à la mode,
> Et maintenant il ne faut pas
> Quitter la nature d'un pas.

Le ballet, qui avait été approprié à la comédie, représenta des fâcheux de divers genres. A ce spectacle succéda celui d'un feu d'artifice.

> Figure-toi qu'en même temps
> On vit partir mille fusées,
> Qui par des routes embrasées
> Se firent toutes dans les airs
> Un chemin tout rempli d'éclairs,
> Chassant la nuit, brisant ses voiles.
> As-tu vu tomber des étoiles ?
> Tel est le sillon enflammé
> Ou le trait qui lors est formé.
> Parmi ce spectacle si rare,
> Figure-toi le tintamarre,

Le fracas et les sifflements
Qu'on entendait à tous moments.
De ces colonnes embrasées
Il renaissait d'autres fusées [...].

Au moment où le roi revenait au château et se préparait à retourner à Fontainebleau, la lanterne du dôme qui surmontait le château de Vaux s'enflamma et vomit des nuées de fusées et de serpenteaux ; ce fut le dernier éclat de cette fête splendide. Elle eut un retentissement incomparable ; tous les poètes du temps la célébrèrent. Loret en remplit sa gazette du 20 août. Les magnificences de Vaux, qui effaçaient de beaucoup Fontainebleau et toutes les maisons royales, avaient profondément blessé Louis XIV. « Ah ! madame, disait-il à la reine mère, est-ce que nous ne ferons pas rendre gorge à tous ces gens-là ? » On ne manquait pas d'exaspérer le roi, en opposant la pauvreté des habitations royales au luxe étalé par le surintendant. Un mémoire écrit par Colbert marque vivement ce contraste. « Les bâtiments, les meubles, l'argent et autres ornements n'étaient que pour les gens de finances et les traitants, auxquels ils faisaient des dépenses prodigieuses, tandis que les bâtiments de Sa Majesté étaient bien souvent retardés par le défaut d'argent ; que les maisons royales n'étaient point meublées, et qu'il ne se trouvait pas même une paire de chenets d'argent pour la chambre du roi. »

(Adolphe Chéruel, *Mémoires de la vie de Fouquet*.)

1.2. LA DISGRÂCE DE FOUQUET

On conçoit que la jalousie d'un roi tel que Louis XIV ait pu être excitée par l'étalage de tant de magnificence. Dans ses *Mémoires,* le roi lui-même fait l'exposé des motifs qui le déterminèrent à frapper le surintendant :

Depuis le temps que je prenais soin de mes affaires, dit Louis XIV, j'avais de jour en jour découvert de nouvelles marques des dissipations du surintendant. La vue des vastes établissements que cet homme avait projetés, et les insolentes acquisitions qu'il avait faites, ne pouvaient faire qu'elles ne convainquissent mon esprit du dérèglement de son ambition, et la calamité générale de tous mes peuples sollicitait sans cesse ma justice contre lui. Mais ce qui le rendait plus coupable envers moi était que, bien loin de profiter de la bonté que je lui avais témoignée en le retenant dans mes conseils, il en avait pris une nouvelle espérance de me tromper, et, bien loin d'en devenir plus sage, il tâchait seulement d'en être plus adroit. Mais, quelque artifice qu'il pût pratiquer, je ne fus pas longtemps sans reconnaître sa mauvaise foi ; car il ne pouvait s'empêcher de continuer ses dépenses excessives, de fortifier des places, d'orner des palais, de former des cabales et de mettre sous le nom de ses amis des charges importantes qu'il leur achetait à mes dépens, dans l'espoir de se rendre bientôt l'arbitre souverain de l'Etat.

Quoique ce procédé fût assurément fort criminel, je ne m'étais d'abord proposé que de l'éloigner des affaires; mais, ayant depuis considéré que, de l'humeur inquiète dont il était, il ne supporterait point ce changement de fortune sans tenter quelque chose de nouveau, je pensai qu'il était plus sûr de l'arrêter. Je différai néanmoins l'exécution de ce dessein, et ce dessein me donna une peine incroyable; car je voyais que, pendant ce temps-là, il pratiquait de nouvelles subtilités pour me voler. Mais ce qui m'incommodait davantage était que, pour augmenter la réputation de son crédit, il affectait de me demander des audiences particulières, et que, pour ne pas lui donner de défiance, j'étais contraint de les lui accorder et de souffrir qu'il m'entretînt de discours inutiles, pendant que je connaissais à fond toute son infidélité. Vous pouvez juger que, à l'âge où j'étais, il fallait que ma raison fît beaucoup d'efforts sur mes ressentiments pour agir avec tant de retenue. Mais, d'une part, je voyais que la déposition du surintendant avait une liaison nécessaire avec le changement des fermes, et, d'autre côté, je savais que l'été, où nous étions alors, était celle des saisons de l'année où ces innovations se faisaient avec le plus de désavantage, outre que je voulais avant toutes choses avoir un fonds entre mes mains de quatre millions pour les besoins qui pourraient survenir. Ainsi je me résolus d'attendre l'automne pour exécuter ce projet; mais, étant allé vers la fin du mois d'août à Nantes, où les états de Bretagne étaient assemblés, et de là, voyant de plus près qu'auparavant les ambitieux projets de ce ministre, je ne pus m'empêcher de le faire arrêter ce lieu même, le 5 septembre.

Toute la France, persuadée aussi bien que moi de la mauvaise conduite du surintendant, applaudit à cette action et loua particulièrement le secret dans lequel j'avais tenu, durant trois ou quatre mois, une résolution de cette nature, principalement à l'égard d'un homme qui avait des entrées si particulières auprès de moi, qui entretenait commerce avec tous ceux qui m'approchaient, qui recevait des avis du dedans et du dehors de l'Etat, et qui de soi-même devait tout appréhender par le seul témoignage de sa conscience.

》 Relisez la fable 3 du livre Ier, *La Grenouille qui veut se faire*
》 *aussi grosse que le Bœuf* :

> [...] La chétive pécore
> S'enfla si bien qu'elle creva.

Le monde est plein de gens qui ne sont pas plus sages :
Tout bourgeois veut bâtir comme les grands seigneurs,

> Tout petit prince a des ambassadeurs,
> Tout marquis veut avoir des pages.

Chacun comprenait cette allusion, à un moment où la chambre de justice de 1664 venait de condamner Fouquet... On se montrait avec indignation dans Paris les palais que des financiers avaient achetés ou revendus à des princes, par exemple celui de Pennautier, celui de Rouillé, tous deux construits par Mansart, celui d'Herwart, où La Fontaine habita deux ans à la fin de sa vie, etc.

(Lange, *La Bruyère, critique des institutions sociales*.)

André Gide, passionné de sciences naturelles, écrivit à propos de cette fable : « La très étonnante faculté des grenouilles de gonfler comme un goître leur gosier, à la manière des pigeons lors de la saison des amours, et de projeter sur le côté de la bouche [...] une sorte d'énorme ampoule, d'apostème, d'appareil vibrant et glapissant [...] explique et motive la fable de *La Grenouille qui veut se faire aussi grosse que le Bœuf*. Nul doute que La Fontaine n'ait pu contempler un jour, comme je fis moi-même à La Roque, cet extraordinaire spectacle : sur une large feuille de nénuphar étalée à la surface d'une mare, deux grenouilles jouant et mimant exemplairement cette fable. L'une simple spectatrice ; l'autre se gonflant jusqu'à éclater. »

Acceptez-vous cette théorie selon laquelle l' « étonnante faculté des grenouilles [...] explique et motive la fable » ?

1.3. LE CONSERVATISME DE LA FONTAINE

Toutefois, nous ne devons pas nous leurrer sur la portée d'une telle satire, non plus que sur la portée des peintures de la société. Certes, La Fontaine s'applique à montrer que le savetier est loin d'être moins estimable que le financier ou le fils de roi, mais cette hardiesse ne va pas jusqu'à l'élan révolutionnaire. Que vous en semble ?

Ne pensez-vous pas que, par bien des côtés, son esprit soit proche du conservatisme de Montaigne et que, malgré ses qualités d'homme de cœur, il eût pu dire aussi que refaire la société est au-dessus de nos forces ?

Je vois, par notre exemple, que la société des hommes se tient et se coud, à quelque prix que ce soit ; en quelque assiette qu'on les couche ils s'appilent et se rangent en se remuant et s'entassant : comme des corps mal unis, qu'on empoche sans ordre, trouvent d'eux-mêmes la façon de se joindre et s'emplacer les uns parmi les autres, souvent mieux que l'art ne les eût su disposer... La nécessité compose les hommes et les assemble. Cette couture fortuite se forme après en lois ; car il en été d'aussi farouches qu'aucune opinion humaine puisse enfanter, qui ont toutefois maintenu leur corps avec autant de santé et longueur de vie que celles de Platon et d'Aristote sauraient faire.

Et certes, toutes ces dispositions de police, feintes par art, se trouvent ridicules et inaptes à mettre en pratique. Ces grandes et longues altercations de la meilleure forme de société et des règles les plus commodes à nous attacher, sont altercations propres seulement à l'exercice de notre esprit ; comme il se trouve ès arts plusieurs sujets qui ont leur essence en l'agitation et en la dispute, et n'ont aucune vie hors de là. Telle peinture de police serait de mise en un nouveau monde, mais nous prenons les hommes obligés déjà et formés à certaines coutumes ; nous ne les engendrons pas comme Pyrrha ou Cadmus. Par quelque moyen que nous ayons loi de les redresser et ranger de nouveau, nous ne pourrons guère les tordre de leur pli accoutumé que nous ne rompions tout...

Non par opinion, mais en vérité, l'excellente et meilleure police est, à chacune nation, celle sous laquelle elle s'est maintenue : sa forme et commodité essentielle dépend de l'usage. Nous nous déplaisons volontiers de la condition présente, mais je tiens pourtant que d'aller désirant le commandement de peu en un état populaire, ou, en la monarchie, une autre espèce de gouvernement, c'est vice et folie...

Rien ne presse un Etat que l'innovation : le changement donne seul forme à l'injustice et à la tyrannie. Quand quelque pièce se démanche, on peut l'étayer ; on peut s'opposer à ce que l'altération et corruption naturelle à toutes choses ne nous éloigne trop de nos commencements et principes : mais d'entreprendre à refondre une si grande masse, et à changer les fondements d'un si grand bâtiment, c'est à faire à ceux qui, pour décrasser, effacent, qui veulent amender les défauts particuliers par une confusion universelle, et guérir les maladies par la mort : *non tam commutandarum quam evertendarum rerum cupidi*[1]. Le monde est inepte à se guérir ; il est si impatient de ce qui le presse qu'il ne vise qu'à s'en défaire, sans regarder à quel prix. Nous voyons, par mille exemples, qu'il se guérit ordinairement à ses dépens. La décharge du mal présent n'est pas guérison, s'il n'y a, en général, amendement de condition.

La fin du chirurgien n'est pas de faire mourir la mauvaise chair ; ce n'est que l'acheminement de sa cure : il regarde au-delà, d'y faire renaître la naturelle et rendre la partie à son dû être. Quiconque propose seulement d'emporter ce qui le mâche, il demeure court, car le bien ne succède pas nécessairement au mal ; un autre mal lui peut succéder, et pire, comme il advint aux tueurs de César, qui jetèrent la chose publique à un tel point qu'ils eurent à se repentir de s'en être mêlés. A plusieurs depuis, jusques à nos siècles il est advenu de même : les Français mes contemporains savent bien qu'en dire. Toutes grandes mutations ébranlent l'Etat et le désordonnent...

Pour nous voir bien piteusement agités (car que n'avons-nous fait !) je ne vais pas soudain me résolvant... La conservation des états est chose qui, vraisemblablement, surpasse notre intelligence.

(Montaigne, Essais, III, 9.)

2. LES *FABLES* : UN ART DE PENSER

Sainte-Beuve jugeait ainsi La Fontaine : « Cet homme [...] est une émule de Lucrèce, et de cette élite des grands poètes qui ont pensé. » En effet, le poète put côtoyer, chez Mme de La Sablière, des gens particulièrement instruits et informés. Il se passionna pour les grandes controverses philosophiques et scientifiques de son temps et exprima dans les *Fables* quelques-unes de ces hautes préoccupations.

Un animal dans la Lune (II, 37) s'élève au nom de la raison contre les conclusions hâtives tirées d'une observation superficielle. Au siècle précédent, Montaigne fit également apparaître que les contradictions et les incertitudes de nos jugements ne sont pas causées par une infirmité radicale de la connaissance, mais bien par un mauvais usage de nos facultés naturelles.

On se reportera au chapitre XI du livre III des *Essais,* intitulé « Des boiteux » (Nouveaux Classiques Larousse, tome III, pp. 64 à 68).

La défiance à l'égard des jugements humains conduit La Fontaine à chercher une autre voie pour la connaissance et la réflexion : l'expérience personnelle de la vie, de soi, et des autres. Sur ce point, le poète est encore très proche de Montaigne.

On se reportera au chapitre XXVI du livre Ier des *Essais,* intitulé « De l'institution des enfants » (Nouveaux Classiques Larousse, tome Ier, pp. 63-65, lignes 416-477).

3. LES *FABLES* : UNE SAGESSE ET UN ART DE VIVRE

La Fontaine tente toujours de nous préserver de l'oubli des lois de la nature, dont il montre bien souvent la puissance.

a) La vertu même ne doit pas quitter les chemins de la nature. Relisez *la Jeune Veuve* (I, 143). Rapprochez-en la morale suggérée par le poète de cet extrait des *Essais* de Montaigne :

Nous pouvons saisir la vertu de façon qu'elle en deviendra vicieuse, si nous l'embrassons d'un désir trop âpre et violent. Ceux qui disent qu'il n'y a jamais d'excès en la vertu, d'autant que ce n'est plus vertu si l'excès y est, se jouent des paroles :

> *Insani sapiens nomen ferat, aequus iniqui,*
> *Ultra quam satis est virtutem si petat ipsam*[2].

C'est une subtile considération de la philosophie. On peut et trop aimer la vertu, et se porter excessivement en une action juste. A ce biais s'accommode la voix divine :

« Ne soyez pas plus sages qu'il ne faut, mais soyez sobrement sages. »

J'aime des natures tempérées et moyennes. L'immodération vers le bien même, si elle ne m'offense, elle m'étonne et me met en peine de la baptiser. Ni la mère de Pausanias, qui donna la première instruction et porta la première pierre à la mort de son fils, ni le dictateur Postumius, qui fit mourir le sien, que l'ardeur de jeunesse avait poussé heureusement sur les ennemis un peu avant son rang, ne me semble si juste comme étrange. Et n'aime ni à conseiller, ni à suivre une vertu si sauvage et si chère.

L'archer qui outrepasse le blanc faut, comme celui qui n'y arrive pas. Et les yeux me troublent à monter à coup vers une grande lumière, également comme à dévaler à l'ombre. Calliclès, en Platon, dit l'extrémité de la philosophie être dommageable, et conseille de ne s'y enfoncer outre les bornes du profit ; que, prise avec modération, elle est plaisante et commode, mais qu'en fin elle rend un homme sauvage et vicieux, dédaigneux des religions et lois communes, ennemi de la conversation civile, ennemi des voluptés humaines, incapable de toute administration politique, et de secourir autrui et de se secourir à soi, propre à être impunément souffleté. Il dit vrai, car, en son excès, elle esclave notre naturelle franchise, et nous dévoie, par une importune subtilité, du beau et plain chemin que nature nous a tracé.

(I, 30.)

b) Mais ne nous y trompons pas, La Fontaine est loin d'enseigner la perversité. Montrez-le.

L'épicurisme de La Fontaine comme celui de Montaigne ne va pas sans l'obéissance aux lois de la conscience. La satisfaction de cette conscience est elle-même la source de la joie intérieure. Il faut donc rectifier éventuellement la nature et lui imposer des limites, et pour cela vaincre nos propres défauts : l'aveuglement (*la Besace*) ; la vanité (*La Grenouille qui veut se faire aussi grosse que le Bœuf*) ; l'égoïsme (*Le Rat qui s'est retiré du monde*) ; etc.

Il suffit pour cela de suivre la raison empreinte en tout homme non dénaturé. C'est une nouvelle rencontre avec Montaigne :

> J'ai pris, comme j'ai dit ailleurs, bien simplement et crûment pour mon regard ce précepte ancien : que nous ne saurions faillir à suivre nature, que le souverain précepte, c'est de se conformer à elle. Je n'ai pas corrigé, comme Socrate, par force de la raison mes complexions naturelles, et n'ai aucunement troublé par art mon inclination. Je me laisse aller, comme je suis venu, je ne combats rien, mes deux maîtresses pièces vivent de leur grâce en paix et bon accord ; mais le lait de ma nourrice a été, Dieu merci, médiocrement sain et tempéré. Dirai-je ceci en passant, que je vois tenir en plus de prix qu'elle ne vaut, qui est seule quasi en usage entre nous, certaine image de prudhomie scolastique, serve des préceptes, contrainte sous l'espérance et la crainte ? Je l'aime telle que les lois et religions non fassent, mais parfassent et autorisent, qui se sente de quoi se soutenir sans aide, née en nous de ses propres racines, par la semence de la raison universelle empreinte en tout homme non dénaturé. Cette raison, qui redresse Socrate de son vicieux pli, le rend obéissant aux hommes et aux Dieux qui commandent en sa ville, courageux en la mort, non parce que son âme est immortelle, mais parce qu'il est mortel. Ruineuse instruction à toute police, et bien plus dommageable qu'ingénieuse et subtile, qui persuade aux peuples la religieuse créance suffire, seule et sans les mœurs, à contenter la divine justice. L'usage nous fait voir une distinction énorme entre la dévotion et la conscience.
>
> **(III, 12.)**

c) Montrez que la morale de La Fontaine, imprégnée du sens de l'humain, prend place auprès de celle de Montaigne, dont la grande ambition était de « bien faire l'homme et dûment ». On se reportera au texte dans le Nouveau Classique Larousse, *Essais*, III, chapitre XIII (pp. 74-76, lignes 129 à 182).

d) La Fontaine ne manque pas d'aborder dans les *Fables* le problème de la mort (*la Mort et le Mourant*). On retrouve dans les idées du poète sur la mort des réminiscences des Anciens (Lucrèce, Horace), de Malherbe et surtout de Montaigne. Pour La Fontaine, il faudrait « qu'on sortît de la vie ainsi que d'un banquet » ; pour Montaigne, à la fin de sa vie, il est vain de se préoccuper de ce quart d'heure sans conséquence :

> Il est certain qu'à la plupart, la préparation à la mort a donné plus de tourment que n'a fait la souffrance. Il fut jadis véritablement dit, et par un bien judicieux auteur : « *minus afficit sensus fatigatio quam cogitatio*[3] ».
> Le sentiment de la mort présente nous anime parfois de soi-même d'une prompte résolution de ne plus éviter chose

du tout inévitable. Plusieurs gladiateurs se sont vus, au temps passé, après avoir couardement combattu, avaler courageusement la mort, offrant leur gosier au fer de l'ennemi et le conviant. La vue de la mort à venir a besoin d'une fermeté lente, et difficile par conséquent à fournir. Si vous ne savez pas mourir, ne vous chaille : Nature vous en informera sur-le-champ, pleinement et suffisamment ; elle fera exactement cette besogne pour vous, n'en empêchez votre soin.

> *Incertam frustra, mortales, funeris horam*
> *Quoeritis, et qua sit mors aditura via[4] !*
>
> *Poena minor certam subito perferre ruinam,*
> *Quod timeas gravius sustinuisse diu[5].*

Nous troublons la vie par le soin de la mort, et la mort par le soin de la vie. L'une nous ennuie, l'autre nous effraie. Ce n'est pas contre la mort que nous nous préparons ; c'est chose trop momentanée. Un quart d'heure de passion sans conséquence, sans nuisance, ne mérite pas des préceptes particuliers. A dire vrai, nous nous préparons contre les préparations de la mort. La philosophie nous ordonne d'avoir la mort toujours devant les yeux, de la prévoir et considérer avant le temps et nous donne après les règles et les précautions pour pourvoir à ce que cette prévoyance et cette pensée ne nous blessent. Ainsi font les médecins qui nous jettent aux maladies, afin qu'ils aient où employer leurs drogues et leur art. Si nous n'avons su vivre, c'est injustice de nous apprendre à mourir et de difformer la fin de son tout. Si nous avons su vivre constamment et tranquillement, nous saurons mourir de même. Ils s'en vanteront tant qu'il leur plaira. « *Tota philosophorum vita commentatio mortis est[6].* » Mais il m'est avis que c'est bien le bout, non pourtant le but de la vie ; c'est sa fin, son extrémité, non pourtant son objet. Elle doit être elle-même à soi sa visée, son dessein ; son droit légitime est se régler, se conduire, se souffrir. Au nombre de plusieurs autres offices que comprend ce général et principal chapitre de savoir vivre, est cet article de savoir mourir, et des plus légers, si notre crainte ne lui donnait poids.

A les juger par l'utilité et par la vérité naïve les leçons de la simplicité ne cèdent guère à celles que nous prêche la doctrine, au contraire. Les hommes sont divers en goût et en force ; il faut les mener à leur bien selon eux, et par routes diverses.

> *Quo me cumque rapit tempestas, deferor hospes[7].*

Je ne vis jamais paysan de mes voisins entrer en cogitation de quelle contenance et assurance il passerait cette heure dernière. Nature lui apprend à ne songer à la mort que quand il se meurt. Et lors, il y a meilleure grâce qu'Aristote, lequel la mort presse doublement, et par elle, et par une si longue prévoyance. Pourtant fut-ce l'opinion de César que la moins pourpensée mort était la plus heureuse et plus déchargée. « *Plus dolet quam necesse est, qui ante dolet quam necesse est*[8]. » L'aigreur de cette imagination naît de notre curiosité. Nous nous empêchons toujours ainsi, voulant devancer et régenter les prescriptions naturelles.

e) Dans plusieurs fables, La Fontaine insiste sur la nécessité du travail (*le Cheval et le Loup, le Laboureur et ses enfants*, etc.). Quelquefois, même, la moralité qui porte sur ce thème est exprimée deux fois : au début et à la fin. Mais La Fontaine lui-même était-il si acharné à la peine ?

> Quoi qu'il en soit, comparez la moralité de la fable *le Laboureur et ses enfants* et cette formule par laquelle Voltaire conclut *Candide :* « Le travail éloigne de nous trois grands maux, l'ennui, le vice et le besoin. »

Songez aussi à la moralité du *Charretier embourbé* et à l'injonction « Aide-toi, le ciel t'aidera. » Il y a donc dans les *Fables* un éloge de l'activité qui peut vous rappeler certaines pages de Rabelais. Voici l'éloge du pantagruélion, qui, d'apparence fantaisiste, cache derrière son humour un hymne véritable à l'intelligence et une foi sincère dans le progrès humain.

A la fin du *Tiers Livre,* Pantagruel armant une flotte puissante embarque « grande foison de son herbe pantagruélion ». Rabelais nous fait une description érudite de cette herbe (il s'agit du chanvre) et nous révèle pourquoi « elle est dite pantagruélion » : « Comme Pantagruel a été l'idée exemplaire de toute joyeuse perfection, ainsi en pantagruélion je reconnais tant de vertu, tant d'énergie, tant de perfection, tant d'effets admirables... qu'elle mérite d'être reine des plantes. »

> L'auteur chante alors les propriétés du pantagruélion ; on se reportera au texte, dans le Nouveau Classique Larousse, *Tiers, Quart* et *Cinquième Livre,* chapitre LI, pp. 88 à 91 (lignes 79-186).

4. LA FONTAINE ET DESCARTES

Dans le passage qui précède l'extrait ci-dessous, Descartes vient de faire une étude comparative de l'homme et de l'automate, qui peut se résumer en deux points essentiels : la machine n'a pas la diversité d'adaptations que traduit le langage ; d'autre part, elle ne s'adapte pas à la variété des circonstances ; mais la correction d'une adaptation en elle-même peut s'expliquer par un mécanisme.

Or, par ces deux mêmes moyens, on peut aussi connaître la différence qui est entre les hommes et les bêtes. Car c'est une chose bien remarquable qu'il n'y a point d'hommes si hébétés et si stupides, sans en excepter même les insensés, qu'ils ne soient capables d'arranger ensemble diverses paroles, et d'en composer un discours par lequel ils fassent entendre leurs pensées ; et qu'au contraire il n'y a point d'autre animal, tant parfait et tant heureusement né qu'il puisse être, qui fasse le semblable. Ce qui n'arrive pas de ce qu'ils ont faute d'organes : car on voit que les pies et les perroquets peuvent proférer des paroles ainsi que nous, et toutefois ne peuvent parler ainsi que nous, c'est-à-dire en témoignant qu'ils pensent ce qu'ils disent ; au lieu que les hommes qui, étant nés sourds et muets, sont privés des organes qui servent aux autres pour parler, autant ou plus que les bêtes, ont coutume d'inventer d'eux-mêmes quelques signes par lesquels ils se font entendre à ceux qui étant ordinairement avec eux ont loisir d'apprendre leur langue. Et ceci ne témoigne pas seulement que les bêtes ont moins de raison que les hommes, mais qu'elles n'en ont point du tout, car on voit qu'il n'en faut que fort peu pour savoir parler ; et d'autant qu'on remarque de l'inégalité entre les animaux d'une même espèce aussi bien qu'entre les hommes, et que les uns sont plus aisés à dresser que les autres, il n'est pas croyable qu'un singe ou un perroquet qui serait des plus parfaits de son espèce n'égalât en cela un enfant des plus stupides, ou du moins un enfant qui aurait le cerveau troublé, si leur âme n'était d'une nature toute différente de la nôtre. Et on ne doit pas confondre les paroles avec les mouvements naturels qui témoignent les passions, et peuvent être imités par des machines aussi bien que par les animaux ; ni penser, comme quelques anciens, que les bêtes parlent, bien que nous n'entendions pas leur langage. Car, s'il était vrai, puisqu'elles ont plusieurs organes qui se rapportent aux nôtres, elles pourraient aussi bien se faire entendre à nous qu'à leurs semblables. C'est aussi une chose fort remarquable que, bien qu'il y ait plusieurs animaux qui témoignent plus d'industrie que nous en quelques-unes de leurs actions, on voit toutefois que les mêmes n'en témoignent point du tout en beaucoup d'autres : de façon que ce qu'ils font mieux que nous ne prouve pas qu'ils ont de l'esprit, car à ce compte ils en auraient plus qu'aucun de nous, et feraient mieux en toute autre chose ; mais plutôt qu'ils n'en ont point, et que c'est la nature qui agit en eux selon la disposition de leurs organes : ainsi qu'on voit qu'un horloge, qui n'est composé que de roues et de ressorts, peut compter les heures et mesurer le temps plus justement que nous avec toute notre prudence.

On comparera ce texte sur les animaux-machines extrait du *Discours de la Méthode* (cinquième partie, avant-dernier paragraphe) avec le *Discours à Madame de La Sablière* de La Fontaine (IX, XXI).

NOTES

1. « Moins désireux de changer que de détruire » (Cicéron, *De officiis*, II, 1);
2. « Le sage mériterait le nom d'insensé, le juste celui d'injuste s'il recherchait la vertu au-delà de ce qui est suffisant » (Horace, *Epîtres*, I, 4); **3.** « Nos sens sont moins affectés par la souffrance physique que par l'imagination » (Quintilien, *Institution oratoire*, I, 12); **4.** « En vain, mortels, vous cherchez à connaître l'heure incertaine de votre mort et le chemin par où elle doit venir » (Properce, *Elégies*, II, 27, I); **5.** « Il est moins pénible de supporter un malheur soudain et déterminé que de souffrir longuement le supplice et la crainte » (Pseudo-Gallus, *Elégies*, I, 277); **6.** « Toute la vie des philosophes est une préparation à la mort » (Cicéron, *Tusculanes*, I, 30); **7.** « Sur quelque rivage que la tempête me jette, j'y aborde » (Horace, *Epîtres*); **8.** « C'est souffrir plus qu'il n'est nécessaire, que de souffrir avant que ce soit nécessaire » (Sénèque, *Lettres*, 98).

JUGEMENTS SUR LES LIVRES VII À XII ET SUR L'ENSEMBLE DES « FABLES »

Aucun siècle n'ignore les Fables, et chacun d'eux interroge l'œuvre pour y trouver un aspect nouveau et toujours plus riche.

XVIIᵉ SIÈCLE

Lorsque paraît en 1678 le second recueil des Fables, il est aussitôt accueilli, unanimement, semble-t-il, par des éloges, et son auteur paraît jouir d'une grande considération.

Faites-vous envoyer promptement les *Fables* de La Fontaine : elles sont divines. On croit d'abord en distinguer quelques-unes, et, à force de les relire, on les trouve toutes bonnes. C'est une manière de narrer et un style à quoi l'on ne s'accoutume point.

> Mᵐᵉ de Sévigné,
> Lettre à Bussy-Rabutin (20 juillet 1679).

Bussy-Rabutin, lui, prévoit immédiatement le succès futur de l'œuvre :

Les siècles suivants le regarderont comme un original qui, à la naïveté de Marot, a joint mille fois plus de politesse.

> Bussy-Rabutin,
> Lettre à Furetière (4 mai 1686).

Les contemporains semblent donc particulièrement frappés par l' « originalité » de l'œuvre, et, en un siècle où l'on se méfie de la singularité, perce l'étonnement devant une telle fraîcheur. Le 2 mai 1684, La Fontaine est reçu à l'Académie, et l'abbé de La Chambre l'accueille par ces mots :

L'Académie reconnaît en vous, Monsieur, un de ces excellents ouvriers, un de ces fameux artisans de la belle gloire, qui la va soulager dans les travaux qu'elle a entrepris pour l'ornement de la France, et pour perpétuer la mémoire d'un règne si fécond en merveilles. Elle reconnaît en vous un génie aisé, facile, plein de délicatesse et de naïveté, quelque chose d'original et qui, dans sa simplicité apparente et sous un air négligé, renferme de grands trésors et de grandes beautés.

> Abbé de La Chambre,
> Discours prononcé à l'Académie
> pour la réception de La Fontaine (2 mai 1684).

La Bruyère salue en l'auteur des Fables un poète plein de talent :

Un auteur plus égal que Marot et plus poète que Voiture a le jeu, le tour et la naïveté de tous les deux : il instruit en badinant, persuade aux hommes la vertu par l'organe des bêtes, élève les petits sujets jusqu'au sublime : homme unique dans son genre d'écrire; toujours original, soit qu'il invente, soit qu'il traduise; qui a été au-delà de ses modèles, modèle lui-même difficile à imiter.

La Bruyère,
Discours de réception à l'Académie française,
15 juin 1693.

Cependant Charles Perrault, que visait pourtant l'Epître à Huet, écrit un éloge qui confirme, par l'exemple de La Fontaine, que les Modernes sont supérieurs aux Anciens :

Jamais personne n'a mieux mérité d'être regardé comme original et comme le premier en son espèce. Non seulement il a inventé le genre de poésie où il s'est appliqué, mais il l'a porté à sa dernière perfection; de sorte qu'il est le premier, et pour l'avoir inventé, et pour y avoir tellement excellé que personne ne pourra jamais avoir que la seconde place dans ce genre d'écrire. Les bonnes choses qu'il faisait lui coûtaient peu parce qu'elles coulaient de source et qu'il ne faisait presque autre chose que d'exprimer naturellement ses propres pensées et se peindre lui-même.

Charles Perrault,
les Hommes illustres (t. I) [1696].

XVIII° SIÈCLE

Si les contemporains appréciaient surtout l'originalité de La Fontaine, les auteurs du XVIII° siècle l'aiment d'abord pour sa simplicité, sa naïveté.

Voltaire, qu'on ne saurait pourtant accuser d'engouement aveugle pour les Fables dont, en puriste, il critique la langue, écrit :

La Fontaine a souvent corrompu la langue. Il faut que les jeunes gens et surtout ceux qui dirigent leurs lectures prennent bien garde de ne pas confondre, avec son beau naturel, le familier, le bas, le négligé, le trivial, défauts dans lesquels il tombe trop souvent. Distinguons bien ces négligences, ces puérilités qui sont en très grand nombre, des traits admirables de ce charmant auteur qui sont plus grands encore.

La Fontaine, bien moins châtié dans son style [que les grands écrivains du XVII° siècle], bien moins correct dans son langage, mais unique dans sa naïveté et dans les grâces qui lui sont propres, se mit, par les choses les plus simples, presque à côté de ces hommes sublimes.

Voltaire,
le Siècle de Louis XIV (1751).

Vauvenargues le propose en exemple aux écrivains trop amateurs de recherches :

Il serait superflu de s'arrêter à louer l'harmonie variée et légère de ses vers, la grâce, le tour, l'élégance, les charmes naïfs de son style et de son badinage. Je remarquerai seulement que le bon sens et la simplicité sont les caractères dominants de ses écrits. Il est bon d'opposer un tel exemple à ceux qui cherchent la grâce et le brillant hors de la raison et de la nature. La simplicité de La Fontaine donne de la grâce à son bon sens et son bon sens rend sa simplicité piquante : de sorte que le brillant de ses ouvrages naît peut-être essentiellement de ces deux sources réunies.

> Vauvenargues,
> *Réflexions critiques sur quelques poètes* (1746).

Mais simplicité et naïveté n'excluent pas la profondeur de la pensée et le travail de la forme. Qui mieux que les auteurs de ce siècle philosophique pouvait le sentir? D'Alembert admire La Fontaine, tout en lui refusant, comme J.-J. Rousseau (voir le jugement de celui-ci dans le premier volume), le pouvoir d'intéresser les enfants :

La Fontaine, qu'on regarde assez mal à propos comme le poète des enfants, qui ne l'entendent guère, est, à bien plus juste titre, le poète chéri des vieillards. L'esprit exige que le poète lui plaise toujours et il veut cependant des repos : c'est ce qu'il trouve dans La Fontaine, dont la négligence même a ses charmes, et d'autant plus grands que son sujet la demandait.

> D'Alembert,
> *Réflexions sur la poésie* (1753).

C'est Chamfort qui, le premier, mit vraiment en lumière la résonance profonde des Fables :

Une source de beautés bien supérieures, c'est cet art de savoir, en paraissant vous occuper de bagatelles, vous placer d'un mot dans un grand ordre de choses. Quand le loup, par exemple, accusant auprès du lion malade, l'indifférence du renard sur une santé si précieuse,

> Daube, au coucher du roi, son camarade absent,

suis-je dans l'antre du lion? Suis-je à la cour? Combien de fois l'auteur ne fait-il pas naître du fond de ses sujets si frivoles en apparence, des détails qui se lient comme d'eux-mêmes aux objets les plus importants de la morale et aux plus grands intérêts de la société? [...] Voilà sans doute un de ses secrets; voilà ce qui rend sa lecture si attachante, même pour les esprits les plus élevés : c'est qu'à propos du dernier insecte, il se trouve plus naturellement qu'on ne croit près d'une grande idée et qu'en effet il touche au sublime en parlant de la fourmi [...].

Si ses lecteurs, séduits par la facilité de ses vers, refusent d'y reconnaître les soins d'un art attentif, c'est précisément ce qu'il a désiré. Nier son travail, c'est lui en assurer la plus belle récompense. O La Fontaine! Ta gloire en est plus grande; le triomphe de l'art est d'être ainsi méconnu.

Chamfort,
Éloge de La Fontaine (1774).

Tandis que Marmontel parle de son art de dissimuler l'art.

XIXᵉ SIÈCLE

Le XIXᵉ siècle, sensible à l'art de la forme, admire le travail des Fables. *Chateaubriand prétend même « découvrir » La Fontaine :*

La Fontaine et Molière sont mes dieux. Les fables de Jean sont de deux espèces : les unes offrent la comédie de mœurs des animaux. Le Lion, l'Ours, le Loup, le Renard, l'Ane, le Cheval, le Chat, le Coq, le Hibou, le Rat, etc., sont des personnages vivants peints d'après nature et peints bien autrement que par des naturalistes. Les autres fables sont ce que j'appelle les grandes fables; dans *le Chêne et le Roseau*, dans *l'Homme et la Couleuvre*, dans *le Vieillard et les Trois Jeunes Hommes*, il s'élève à la plus haute poésie et rivalise avec les plus grands poètes anciens et modernes. Je ne puis finir quand je parle de Jean. Sa réputation, certes, est immense et populaire; eh bien! je soutiens qu'on ne le connaît pas encore et que peu d'hommes savent ce qu'il vaut.

Chateaubriand,
Lettre à M. Feuillet de Conches
(29 septembre 1836).

En 1840, La Mennais voit en lui l'expression la plus parfaite du génie français :

La France, à cette époque, produisit un poète auquel les autres nations, soit anciennes, soit modernes, n'en ont aucun à comparer; nous parlons de La Fontaine, cette fleur des Gaules qui, dans l'arrière-saison, semble avoir recueilli tous les parfums du sol natal. Ailleurs, il eût langui sans se développer jamais. Il lui fallait pour s'épanouir l'air et le soleil de la terre féconde où naquirent Joinville, Marot et Rabelais. Par la correction, par la pureté de la forme il appartient au siècle poli dont il reçut l'influence directe; par l'esprit, la pensée, il procède des siècles antérieurs, et en cela Molière se rapproche de lui.

La Mennais,
Esquisse d'une philosophie (IX, II) [1840].

Et D. Nisard semble répondre à Voltaire en s'extasiant sur la richesse linguistique des Fables :

Par sa langue, La Fontaine est le plus français de nos poètes. On pourrait extraire de ses ouvrages, du milieu de la langue nouvelle où il les reçoit, des échantillons des meilleurs tours de la vieille langue ; le neuf et le vieux, tout y paraît du même temps. La Fontaine est doublement créateur ; il sent dans la vieille langue tout ce qui vit encore, et il le remet au jour ; et, pour la langue nouvelle, aucun poète n'y est plus hardi.

Désiré Nisard,
Histoire de la littérature française (t. III, chap. X) [1844].

A la recherche de la personnalité profonde de l'auteur, chacun interprète à sa façon les données de l'œuvre. Pour certains, contrairement à l'opinion établie, La Fontaine n'avait pas d'intentions satiriques :

La Fontaine fut, de tous les hommes de son temps, le moins enclin à tout attentat, même indirect, contre la majesté royale. Incapable de cet orgueil qui se repaît de sa propre audace, et de ce courage qui n'est que la peur d'un danger créé à plaisir, il ne songeait qu'à exprimer l'utile et l'agréable, sans aucun retour sur lui-même, et sans aucune application directe. Le fablier se couvrit de ses fleurs, exhala ses parfums et porta ses fruits, sans blesser jamais d'aucune épine les mains qui s'empressaient à les cueillir.

Joubert,
Pensées (1877).

Pour d'autres, sa morale est une petite sagesse, au jour le jour :

Dans la morale de La Fontaine, l'élément vraiment moral, le sentiment du devoir est précisément ce qui fait défaut. Les fables qui composent la majeure partie de son recueil, et où l'intention satirique est moins prononcée, offrent des directions pour la conduite de la vie ; mais ce n'est pas la vertu, c'est la prudence qu'elles enseignent.

Alexandre Vinet,
Poètes du siècle de Louis XIV (1861).

Cependant Taine, dans sa célèbre thèse, prête aux Fables un caractère universel :

C'est La Fontaine qui est notre Homère. Car d'abord il est universel comme Homère : hommes, dieux, animaux, paysages, la nature éternelle et la société du temps, tout est dans son petit livre. Les paysans s'y trouvent, et à côté d'eux les rois, les villageoises auprès des grandes dames, chacun dans sa condition, avec ses sentiments et son langage, sans qu'aucun des détails de la vie humaine, trivial ou sublime, en soit écarté pour réduire le récit à quelque ton uniforme ou soutenu. Et, néanmoins, ce récit est idéal comme celui d'Homère. Les personnages y sont généraux; dans les circonstances particulières et personnelles, on aperçoit les diverses conditions et les passions maîtresses de la vie humaine, le roi, le noble, le pauvre, l'ambitieux, l'amoureux, l'avare, promenés à travers les grands événements, la mort, la captivité, la ruine; nulle part on ne tombe dans la platitude du roman réaliste et bourgeois. Mais aussi nulle part on n'est resserré dans les convenances de la littérature noble; le ton est naturel ainsi que dans Homère.

Hippolyte Taine,
La Fontaine et ses fables (chap. III) [1853].

XXᵉ SIÈCLE

Les auteurs du XXᵉ siècle renient quelquefois les jugements portés par leurs prédécesseurs.

Si le XVIIᵉ siècle croyait à la facilité d'écriture des Fables, *Paul Valéry fait justice de cette légende :*

Prenons garde que la nonchalance ici est savante, la mollesse étudiée; la facilité, le comble de l'art. Quant à la naïveté, elle est nécessairement hors de cause : l'art et la pureté si soutenus excluent à mon regard toute paresse et toute bonhomie [...]. Même un fabuliste est loin de ressembler à ce distrait que nous formions distraitement naguère. Phèdre est tout élégances; le La Fontaine des fables est plein d'artifices.

Paul Valéry,
Au sujet d'Adonis (Variété) [1924].

Gide, très classique, se délecte de la culture de La Fontaine, et lui décerne un éloge sans réserve :

Je reprends, avec délices, depuis la fable I, toutes les fables de La Fontaine. Je ne vois pas trop de quelle qualité l'on pourrait dire qu'il ne fasse preuve. Celui qui sait bien voir peut y trouver trace de tout; mais il faut un œil averti, tant la touche souvent est légère. C'est un miracle de culture. Sage comme Montaigne; sensible comme Mozart.

[...] Achevé la relecture complète des *Fables* de La Fontaine. Aucune littérature a-t-elle jamais offert rien de plus exquis, de plus sage, de plus parfait.

André Gide,
Voyage au Congo (1927).

A l'image du bonhomme légendaire, à la morale facile et sans gloire, Antoine Adam oppose le portrait d'un La Fontaine énergique et courageux :

Dans ses commentaires sur la morale du fabuliste, la critique du XIXᵉ siècle a été presque continûment ridicule. [...] La morale de La Fontaine, comme celle de Gassendi, réclame de hautes vertus, la lucidité, le courage et cette sorte d'abnégation qui interdit de frémir devant la destruction finale. *La Mort et le Mourant*, où s'entend un écho de Montaigne, aboutit à une méditation d'une admirable noblesse. Et ce courage n'est pas l'insensibilité. L'amitié anime et embellit l'existence du sage. Il se pourrait même que nul poète français n'ait mieux parlé de l'amitié que ce prétendu égoïste. [...]

Nous sommes loin de la dure sagesse d'Esope. Nous entendons maintenant parler un homme dont la sereine lucidité s'applique à découvrir le sens de l'univers et le sens de sa propre vie. Il a cette maîtrise qui lui permet de nous entretenir de soi en des termes qui nous émeuvent parce que nous nous retrouvons en lui. L'admirable mouvement par où s'achèvent *les Deux Pigeons* en est l'exemple : réflexions d'un homme au seuil de la vieillesse, qui fait retour sur son passé, sur une vie dont l'amour a fait les plus grandes joies. Cette mélancolie si étroitement associée au courage, cette fermeté qui n'exclut pas la tristesse des regrets, font l'honneur du poète et de la société pour laquelle il écrivait.

Antoine Adam,
Histoire de la littérature française au XVIIᵉ siècle
(t. IV) [1954].

Le XXᵉ siècle avoue ainsi hautement sa préférence pour le second recueil et ses confidences personnelles. A la recherche du moi, comme l'illustre philosophe du XVIᵉ siècle, il s'intéresse à l'apport intime du poète.

Ainsi [La Fontaine] est-il sans cesse présent dans cette œuvre dont la matière est étrangère. Il nous livre, chemin faisant, ses idées, mais aussi ses souvenirs et ses rêves. Comme Montaigne, il semble parfois ne rapporter ses lectures que pour se peindre par ce détour.

Pierre Clarac,
La Fontaine, l'homme et l'œuvre (1947).

Du même auteur encore, aveu qui nous éclaire sur la complexité et la richesse d'une œuvre dont on ne touche jamais le fond, ces quelques lignes :

Son œuvre déborde toutes les définitions qu'on en a pu donner. Elle demeure pour ceux qui l'ont explorée avec le plus de soin

... un monde toujours beau,
Toujours divers, toujours nouveau.

Lui-même, après tant d'années passées en sa compagnie, puis-je me flatter de le mieux connaître ? Il est obligeant, amical, prêt, semble-t-il, aux confidences. Tout paraît clair dans ses yeux bleus, dans la simplicité enjouée de ses propos, jusque dans ses distractions et ses absences. On croit le sentir près de soi. Mais ce Protée, sans cesse, échappe à nos prises. Avec La Fontaine, il est impossible de conclure.

Pierre Clarac,
La Fontaine par lui-même (1961).

SUJETS DE DEVOIRS

NARRATIONS

● Comme Perrette, vous vous êtes laissé emporter dans des rêves joyeux. Soudain, c'est la chute brutale. Racontez. (Livre VII, fable X.)

● Ne vous êtes-vous jamais, comme Garo, cru bien fort ou bien intelligent ? Racontez comment la réalité s'est chargée de vous ramener à une plus saine vision des choses. (Livre IX, fable IV.)

● Rentré chez lui après ses multiples aventures, le pigeon fait part à son frère de ses réflexions. (Livre IX, fable II.)

● Au pays des tortues : après l'aventure arrivée à leur sœur pour avoir voulu voyager, deux tortues échangent leurs avis. L'une vante la vie sédentaire, l'autre préfère les voyages, même avec leurs risques. (Livre X, fable II.)

● Monologue satisfait de Raminagrobis après le meurtre de la belette et du petit lapin. (Livre VII, fable XVI.)

● Rats et souris dans les fables que vous connaissez. Comment La Fontaine nous les montre-t-il ?

● Choisissez parmi les animaux de La Fontaine celui qui vous a paru le plus sympathique et celui qui vous a paru le plus antipathique. Faites leur portrait d'après les fables que vous connaissez. Vous paraissent-ils correspondre à certains types humains ?

DISSERTATIONS

● Dans *l'Ours et l'Amateur des jardins*, La Fontaine écrivait :
> [...] la raison d'ordinaire
> N'habite pas longtemps chez les gens séquestrés.
> Il est bon de parler et meilleur de se taire.
> Mais tous deux sont mauvais alors qu'ils sont outrés.

Montrez qu'on trouve, dans l'œuvre du fabuliste, tour à tour, et en même temps, un éloge de la compagnie et de l'amitié, et un éloge de la solitude.

● « La Fontaine, poète du peuple » disait La Mennais. Comment comprenez-vous cette formule ?

● Le lion, la cour du lion et la monarchie des animaux, dans les *Fables* de La Fontaine.

● Racine et Boileau furent les historiographes du roi. Ne pourrait-on voir en La Fontaine l'historien du siècle, dans une certaine mesure ?

● En vous appuyant sur des exemples précis tirés des *Fables* et des *Caractères*, comparez la peinture de la société du temps chez La Fontaine et chez La Bruyère.

● « C'est La Fontaine qui est notre Homère », a écrit Taine (voir page 135). Comment comprenez-vous cet éloge ?

● « L'originalité de La Fontaine est toute dans la manière, non dans la matière », écrivait Sainte-Beuve. Expliquez, et, s'il y a lieu, discutez ce jugement.

● La Fontaine d'après le second recueil des *Fables*.

● Dans l'Avertissement du second recueil, La Fontaine annonce : « J'ai jugé à propos de donner à la plupart de celles-ci [les fables de ce second recueil] un air et un tour un peu différent de celui que j'ai donné aux premières, tant à cause de la différence des sujets que pour remplir de plus de variété mon ouvrage. » Pouvez-vous préciser en quoi consiste la différence entre le premier et le second recueil de La Fontaine ?

● Lamartine, parlant des vers de La Fontaine, les qualifie de « boiteux, disloqués, inégaux, sans symétrie, ni dans l'oreille, ni sur la page ». Etes-vous du même avis ? Essayez de discerner les difficultés et les mérites des vers libres. Quelles limites ne sauraient-ils franchir sans cesser d'être des vers ?

● Commentez et, éventuellement, discutez ces lignes de La Fontaine lui-même : « Ne parlons point des mauvaises rimes, des vers qui enjambent, des deux voyelles sans élisions, etc. Le secret de plaire ne consiste pas toujours en l'ajustement, ni même en la régularité; il faut du piquant et de l'agréable, si l'on veut toucher. »

● « Comment le livre serait-il bon ? L'homme ne l'était pas... La Fontaine était un philosophe de beaucoup d'esprit, mais un philosophe cynique », écrivait Lamartine dans la Préface des *Premières Méditations*. Essayez de voir les raisons d'un tel jugement. Ne pouvons-nous pourtant trouver chez La Fontaine des marques de bonté ?

● Philosophie et poésie chez La Fontaine.

● La Fontaine écrivait à propos de sa traduction de l'*Epitaphe de Claude Homonée* : « Mon sentiment a toujours été que, quand les vers sont bien composés, ils disent en une égale étendue plus que la prose ne saurait dire. » Expliquez cette affirmation dont vous chercherez les limites en utilisant les *Fables* comme exemples.

● La critique moderne rapproche souvent La Fontaine de Montaigne. En quoi ces deux auteurs peuvent-ils se ressembler ? (On prendra des exemples surtout dans le second recueil des *Fables*.)

● Chaque auteur, par son œuvre, fait évoluer un genre littéraire. Qu'a fait La Fontaine de la fable telle que la lui avaient transmise les Anciens ? Appuyez-vous sur des exemples précis.

● Commentez et discutez cette formule un peu paradoxale de J. Giraudoux : « Les *Fables* ne nous montrent pas des hommes portant des masques de bêtes, mais le contraire. »

TABLE ALPHABÉTIQUE DES FABLES

contenues dans les deux volumes

TABLE DES MATIÈRES

IMPRIMERIE HÉRISSEY. — 27000 ÉVREUX.
Dépôt légal : Février 1971. — N° 51281. — N° de série Éditeur : 15446.
IMPRIMÉ EN FRANCE *(Printed in France)*. — 870 077 I - mai 1990.

un dictionnaire de la langue française pour chaque niveau :

NOUVEAU DICTIONNAIRE DU FRANÇAIS CONTEMPORAIN ILLUSTRÉ
sous la direction de Jean Dubois

• 33 000 mots : enrichi et actualisé, tout le vocabulaire qui entre dans l'usage écrit et parlé de la langue courante et que les élèves doivent savoir utiliser à l'issue de la scolarité obligatoire.
• 1 062 illustrations : un apport descriptif complémentaire des définitions et qui permet l'introduction de termes plus spécialisés n'appartenant pas au vocabulaire courant ou ne nécessitant pas d'explication autre que celle de l'image.
• Un dictionnaire de phrases autant qu'un dictionnaire de mots, comme dans l'édition précédente, selon les mêmes principes de description du lexique et du fonctionnement de la langue.
• Le dictionnaire de la classe de français (90 tableaux de grammaire, 89 tableaux de conjugaison).

Un volume cartonné (14 × 19 cm), 1 296 pages.

LAROUSSE DE LA LANGUE FRANÇAISE lexis
sous la direction de Jean Dubois

Avec plus de 76 000 mots des vocabulaires courant, classique et littéraire, technique ou scientifique, c'est le plus riche des dictionnaires de la langue en un seul volume.
Par la diversité de ses informations sur les mots, par la construction raisonnée de ses articles et par son dictionnaire grammatical, c'est un instrument de pédagogie active : il s'adresse aussi à tous ceux qui veulent comprendre le fonctionnement de la langue et acquérir la maîtrise des moyens d'expression.

Nouvelle édition illustrée : un volume relié (15,5 × 23 cm), 2 126 pages dont 90 planches d'illustrations par thèmes.

GRAND LAROUSSE DE LA LANGUE FRANÇAISE
7 volumes sous la direction de L. Guilbert, R. Lagane et G. Niobey; avec le concours de H. Bonnard, L. Casati, J.-P. Colin et A. Lerond

Un dictionnaire unique parce qu'il réunit :
• la description la plus complète du vocabulaire général, scientifique et technique, classique et littéraire, avec prononciation, syntaxe et remarques grammaticales, étymologie et datations, définitions avec exemples et citations, synonymes, contraires, etc.;
• la documentation la plus riche sur la grammaire et la linguistique : près de 200 articles (à leur ordre alphabétique) donnant une analyse détaillée des diverses théories, passées ou actuelles, sur les principaux concepts grammaticaux et linguistiques;
• un traité de lexicologie exposant les principes de la formation des mots et la construction des unités lexicales.

7 volumes reliés (21 × 27 cm).